Max Perkal
Schön war draussen...
Outside was beautiful...

Max Perkal, 1946.

MAX PERKAL

SCHÖN WAR DRAUSSEN...

AUFZEICHNUNGEN EINES 19JÄHRIGEN JUDEN
AUS DEM JAHRE 1945

OUTSIDE WAS BEAUTIFUL...

THE NOTEBOOKS OF A 19 YEAR-OLD JEW
WRITTEN IN 1945

CHRONOS VERLAG, ZÜRICH
MENARD PRESS, LONDON

Veröffentlicht mit Unterstützung der
Irene Bollag-Herzheimer Stiftung

Published by:
Chronos Verlag, Münstergasse 9,
CH-8001 Zürich
The Menard Press, 8 The Oaks,
Woodside Avenue, London N12 8AR

UK distributor:
Central Books, 99 Wallis Road,
Hackney Wick, London E9 5LN,
tel. 0181-986 4854

Distribution in North America by
SPD Inc, 1814 San Pablo Avenue,
Berkeley, Cal 94702, USA

ISBN 1-874320-14-4

Vertrieb für die nicht englischsprachigen Länder:
Chronos Verlag, Münstergasse 9, CH-8001 Zürich
Fax 0041 (01) 252 49 22

Inhalt/Contents

Vorwort

Diese Aufzeichnungen sind dem Andenken meiner Familie gewidmet, die zusammen mit Millionen von Menschen unter völliger Hoffnungslosigkeit, Verlust der Freiheit und Würde, unter Erniedrigung, Hunger und Entbehrungen litten und die durch die Deutschen im «Dritten Reich» ihres Lebens beraubt wurden.

Unverzeihlich bleibt neben vielem anderen mein Hass und mein Wunsch nach Rache. Im Lager dachte ich mir bis ins kleinste Detail alle möglichen Arten aus, wie ich, einmal frei, unsere Peiniger bestrafen würde. Die einzigen Deutschen, die ich dann aber kennenlernte, waren politische Gefangene, die wie ich von den Nazis verfolgt und aus dem Lager Buchenwald befreit worden waren. Wo aber waren die Mörder, die all diese Greueltaten begangen hatten? Wo waren die Millionen, die ihre Arme emporgestreckt, «Heil Hitler!» geschrieen und damit das Regime unterstützt hatten? Plötzlich wollte niemand ein Nazi gewesen sein; niemand wollte gewusst haben, was uns angetan worden war.

Als ich ein Junge war, spielte sich das Leben in meiner Familie folgendermassen ab: Vater war das Oberhaupt der Familie und ihr Ernährer, Mutter die Hüterin des Hauses.

Mutter kümmerte sich um Essen und Trinken, Kleidung und äussere Erscheinung, sie war Pflegerin und Heilerin. Mutter war es auch, die uns in religiösen Dingen unterrichtete, uns in den grössten Tönen lobte und anspornte. Ihre Kinder waren die besten der ganzen Welt, und wir fühlten uns als die geliebtesten Kinder der Welt.

Vater hatte ein kleines Geschäft, war erfolgreich in seinem Beruf und kümmerte sich fürsorglich um die Familie. Er interessierte sich für Politik, las sehr viel und hörte gerne Musik. Seine ganze Liebe und Sorge galt der Familie.

Meine Schwester Razel war fünf Jahre älter als ich und für ihr Alter sehr reif – sensibel und tiefgründig. Sie erzählte mir oft von sehr ernsten Dingen, von der Stetl-Mentalität und wie sehr sie betete, dass wir eines Tages in eine grössere Stadt ziehen würden.

Mein Bruder Velvel war 1939 sieben Jahre alt, ein unbekümmerter, sorgloser Knabe, der zur Schule ging, spielte, radelte und mit seinen Freunden herumbalgte; ich war sein stets hilfsbereiter grosser Bruder. Ich hatte die ganze Familie sehr gerne, Velvel aber war mein Liebling.

Eshele, mein jüngster Bruder, kam 1941 zur Welt, ein ungeplantes Kind; ich «junger Mann» fühlte mich verlegen, als meine Mutter schwanger war. Doch das änderte sich schlagartig, als Eshele geboren war. Er lenkte uns von den täglichen Sorgen und Nöten ab: Eshele war wie die Sonne, die auch durch den finstersten Teil des Waldes schien. In seinem kurzen, etwa einjährigen Leben hatte er so viel Liebe erhalten. Als das Ende kam, war Eshele noch zu jung, zu begreifen und sich davor zu fürchten, was geschah.

Meine Ehrfurcht gilt den Eltern – den nicht besungenen Helden –, die in einer wahnsinnig gewordenen Welt ruhig und würdevoll vergeblich versuchten, das zu tun, was Ältere tun sollen: die Jüngeren zu umsorgen und zu schützen vor einer mörderischen Gesellschaft. Aber sie hatten keine Chance, und so waren sie mit Sorge und Liebe für ihre Nachkommen da. Wenn möglich blieben sie äusserlich ruhig, auch wenn sie innerlich verbluteten.

Als der Krieg endlich zu Ende und ich frei war, dankte ich Gott, dass ich mehr damit beschäftigt war, ein neues Leben aufzubauen, als weiterhin auf Rache zu sinnen. Leicht war das nicht, doch der Wille zum Leben war stärker.

1948 heiratete ich in der Schweiz Betty Jacubowicz, auch eine Überlebende von Auschwitz, und wir gründeten eine Familie. Ich erfreue mich heute zweier erwachsener Kinder, eines Sohnes und einer Tochter, und vier Enkelkinder. Sie leben alle in Israel, dem Heimatland der Juden, das meiner Meinung nach als Folge des Holocaust entstanden ist.

Seit meiner Scheidung im Jahr 1978 ist Liesl J. Loeb, auch sie eine Überlebende des Holocaust, meine Lebenspartnerin, und häufig wache ich mit dem Gedanken auf: «Es ist gut zu leben.»

Ich danke Charlotte Weber, Liesl J. Loeb, Monika Bucheli, Lutek Hamburger, Marian Zuckerman und ganz besonders meiner Tochter, Michele Perkal Marchand, ohne deren Ermutigung meine Aufzeichnungen nicht erschienen wären.

Max Perkal, Philadelphia, USA, Juli 1995

(Übersetzt aus dem Amerikanischen)

Die letzten 24 Stunden in meinem Heim, Ghetto Pruzany. Ende Januar 1943*

Es ist Winter, wir haben kalt und haben Hunger. Aber wir, die ganze Familie, sind noch zusammen.

Das Ghetto wird gesperrt, niemand darf hinein oder rausgehen. Gerüchte verstärken sich, man spricht von Umsiedlung und Evakuation. Die Menschen, die in den Strassen in kleinen Gruppen zusammenstehen, sprechen leise und sehen grau aus.

Es gibt keinen Grund für Hoffnung – doch man hofft.

In der Nacht ist es uns nicht erlaubt, draussen zu sein. Wenn es dunkel wird, sind wir schon zu Hause.

Niemand spricht von Essen, man hat keinen Hunger, nur mein kleiner Bruder kriegt was.

Auf dem Bett von meinen Eltern sitzen oder liegen wir alle. Niemand schläft. Es ist kalt und wir tragen Strassenkleider, nicht nur wegen der Kälte, sondern auch damit wir bereit sind, wenn wir schnell heraus müssen.

Niemand spricht. Jeder ist mit seinen Gedanken beschäftigt.

Mein Vater, der immer tröstet, versucht nochmals, uns zu beruhigen – er spricht von dem kulturellen deutschen Volk, das nicht fähig ist zu *dem*, was wir so fürchten!

Ich denke nicht, dass er es selber *glaubt*, was er uns da sagt. So ist mein Vater...

Die Nacht geht sehr langsam vorbei. Draussen gibt es viel Betrieb, der Lärm von Menschen und Motoren. Endlich kommmt der Morgen und auch der Befehl: kleine Packete vorzubereiten, Essen für 24 Stunden, und antreten am Marktplatz. Dort finden wir leere LASTWAGEN und auch Schlitten. Es gibt auch viel SS. Wir sollen zur Bahnstation abgeführt werden, die 12 km entfernt ist.

Meiner Familie wird ein Schlitten zugewiesen; es gibt nicht Platz für uns alle, zwei von uns werden daneben laufen.

Am Abend fängt die Fahrt an. Ich schaue auf meine Stadt zurück, die Stadt meiner Geburt, auf mein Leben dort von 17 Jahren. Viele Jahre davon waren froh und glücklich. Mit der verschwindenden Stadt verschwindet auch meine Hoffnung.

---

* Max Perkal verfasste diesen Text im Mai 1994 in Zürich für die Vernissage des Buches «Gegen den Strom der Finsternis» von Charlotte Weber.

Editorische Bemerkungen zur Wiedergabe der Aufzeichnungen von Max Perkal

Max Perkals Muttersprache ist Jiddisch; Jiddisch wird eigentlich in hebräischen Lettern geschrieben, in seinen Aufzeichnungen verwendete Max Perkal jedoch lateinische Buchstaben, damit der Text auch für Deutschsprechende lesbar sei. Die Sprache dieser Aufzeichnungen stellt eine Mischung aus Jiddisch und Deutsch dar; Satzbau, Zeichensetzung und Orthographie sind eigenwillig und uneinheitlich.

Damit der Charakter dieser Aufzeichnungen gewahrt bleibt, wird der Text möglichst unverändert wiedergegeben. Die Eingriffe beschränkten sich auf die Gliederung des Textes: es wurden Abschnitte gesetzt und die Zeichensetzung dem deutschen Sprachgebrauch angepasst. Möglicherweise nicht verständliche Wörter, meistens jiddische, sind im Text in eckigen Klammern ins Deutsche übersetzt. Bemerkungen in runden Klammern sind Originaltext.

Als Max Perkal seine Aufzeichnungen im Sommer 1945 niederschrieb, hat er diese mit keinem Titel versehen. Der Titel *Schön war draussen...* wurde nachträglich gewählt.

Schön war draussen...

Ich fiele grosse schmerzen, in die Momenten, wen ich hoib mich on zu dermonen [erinnern] die schrekliche Nacht, in welcher ich habe mir gemusdt schejden mit meine teierste und liebste, was ich habe gehat. Das is gewesen die Nacht von 28 auf 29 Januar 1943. Noch a 3 Togiker [tägiger] fart ir fermachte Fiwagonen, senen mir angekummen zu die Tojern [Toren] von schrecklichen K. L. Auschwitz, welcher is bekant in der Welt mit sein Greul und euch mit dem, was er trogt dem Name «Ruhe Ort vo iber 4 Milion Europeische Juden».[1]

Der Zug hot ongefangen langsam zu bremsen. Wan er is schon ganz schtehen geblieben und man hat aufgemacht die Türen, is das erschte, was wir haben gekont sehen, gewen ein schtark beleuchtener Platz dicht von alle seiten arumgeringelt [umstellt] von S.S. Männer mit grojse S.S. Hunde. Es scheint, das das Gewer is sei gewen zu wenig, weil jeder von sei hot noch ein grojsen dikken Schtok in der Hand gehat. Es is gekomen der Befehl, schnell und semtliche Packete überlosen. Das ales hat gemust wern ausgefirt in Tempo. Wie meglich schnell bin ich mit mein Vater ausgeschtigen von Wagong. Das erste, was es is uns gekommen im Gedank, ist gewen, sich trefen mit mein Mutte, mit mein Schwester und mit mein 11 Jährigen Bruder, welche seinen leut dem Befehl von die S.S. gefuren in andere Wagen. Und im diesen Fal haben mir Glück gehabt. Bis alle Leute senen von die Wagon eraus, haben wir unser ganze Gesind [Familie] schon zusammen gewen. Und bildendik eine kleine Gruppe haben wir so marschirt zu den Platz, welcher war am hellsten beleuchten.

---

1 In Auschwitz wurden ungefähr 1,1 Millionen Juden und 400'000 nichtjüdische Menschen ermordet. Die Zahl «4 Millionen» wurde unmittelbar nach dem Krieg von den Russen genannt.

Das war der Platz, wo der so gerufener S.S. Obersturmführer und Welt Merder Schwarz hot mit seinen zeiger Finger über jeden dem Urteil erausgebracht. Ein gewise Teil hat er gezeigt die Richtung zum Leben und dem gresten Teil die Richtung zum Tod durch fergasen. Auf den Wege zu dem so genenten «Selekzie Platz» hot men ofgeteilt Männer besunder und Frauen und Kinder besunder. Das obteilen sich hat gemust ganz schnell vorkummen, unter der begleitung von schwere S.S. Stöcke, welche senen sistematisch und mit Ausrechnung arobgelost gworen auf die Köpfe von die unglückliche Nefasches [Seelen], auf die Köpfe von die areme Mentschen, wemes lebens Termin hat sich gebraucht zu endiken gleich mit der Ende von der schrecklicher Nacht. Ich mit mein Voter senen gegangen in eine Seite, mein Mutter, Schwester und Bruderl in die andere Seite. Viel Zeit zum sich verabschiden mit meine teuerste haben wir nich gehabt. Das einzige, was die haben uns nicht gekont verboten, ist gewen der Blick. Mit dem Blick habe ich begleit mein Mutter und Geschwister so lange, bis ich habe nicht derfilt [gespürt] ein heftigen Klap über den Kopf von einem S.S. Stock.
Und dan, mitgerissen von der ganzer Masse, bin ich zusammen mit mein Voter zugekommen vor dem S.S. Mann Schwarz. «Wie alt bistu, und was bistu von Beruf?» hat geklungen schneidendik sein Stime, welche is gewendet zu mich. Nich viel überlegendik habe ich schnell geanwortet: «19 Jahre, von Beruf Maschinen Mechaniker». Ein Zeichen mit der Hand, und mit ein schnellen zeig mit dem Finger hot er mir angewisen die Richtung, wohin ich brauch zu gehen, dagegen mein Voter hate er angewisen die gegenseitige Richtung, welche hat bedeutet zum Tod.
Bleibendig alein in der Mitte von Platz und nicht habendik viel zeit zum überleigen, seinen mir eins noch den zweiten gekomen die Gedanken: Die Mutter hat mann mich wekgenomen, die Schwester und Bruder wekgenomen, und jezt willen die mir auch den Vater weknemen. Nein! Und nicht viel denkendik bin ich mit der Hilf und Kraft von meine Nerwen zugelofen zu mein Vater. Ich gedenk es nicht gut, wi so das hab passirt und wi-so das war meglich. Ich weiss nur, ich bin zugefallen zu mein Vater und mit der ganzer Kinder-Liebe von mein zu jener zeit 17 Jährig Herz habe ich ange-

fangen schnell und wild zu küssen meinem Vater. Er hat mich angefangen etwas zum beruigen, aber das ist alles gewen eine Sache von Momenten.

Die S.S. Männer, welche waren zugewisen zum aufpassen auf die Ordnung, das jeder soll ingehen, wo er zugewisen ist, haben es sofort gemerkt. Und mit wilden Krach sind sie zu mich zugloffen und haben mich angefangen Erbarmungslos zum schlagen. Dicht und schnell seinen die Stöcke arapgelost gworen über mein Kopf und über meinen Rücken. Auch mein Vater haben sie nicht geschaunt. Aber nachher haben sie im in Ruhe gelasen, und mich haben sie in der begleitung von ein S.S. Hund abgefürt in dieser Richtung, wo es haben sich schon gefunden ein Paar zendlik [zehn] junge, kreftige Männer, welche sind durch dem S.S. Oberschturmführer ausgeweilt gworden. Wen ich habe mich schon ingeschtelt auf den Platz, welcher ist mich zugewisen gworden, dan haben sich schon die Schläge etwas geschtilt.

In der selber Reihe, wo ich bin geschtanden, habe ich getrofen mein Schul-Freund Janowitsch Wolf. Der hat mir die Mitze von Kopf inuntergenomen, hat mich den Mantel aufgemacht und hat mich angefangen mit Schnee das Gesicht zu masaguiren. Nach einige Minuten bin ich zu sich gekommen. Es ist mich ein bischen beser gworden, und es ist dazu gekommen, das ich habe mich schon gekant ein Rechnung abgeben, wo ich bin und was es hat mit mich pasirt mit einig Minuten zurück. Ich habe angefangen zu warfen mein Blück auf alle Seiten. Die folgende Bild habe ich gesehen für meine Augen: Ganz von Hinten die grosse Masse Metschen, welche ist noch nich vorbeigegangen die «Selekzie».

Vor mich von der rechter seite die Masse Frauen, Männer und Kinder, welche sind schon durch, durch der Selekzie, und haben nicht gehat dem Glück zum weiteren Kampf. Auf der linker Seite sind wir gestanden. Das heist, die kreftige Arbeitsfeike [Arbeitsfähige], welche sind zugewisen gworden zum arbeiten und welche waren gleichzeitig beschtimt zu kommen ins Lager. Von unn auch auf die linke seite sind geschtanden Junge Frauen, aber ganz wenig, die waren beschtimt zu kommen in Frauen K. L. Auschwitz. (Wi es ist bekant, hat der K. L. Auschwitz gehabt von 2 bis 3 Männer K. L. ein Paar F. K. L. und auch einen Familien Lager, im welchen es haben sich befanden Tschechische Juden aus Teresienstadt. Dieser Familien K. L. ist am ende 1944 restlos vernichtet geworden. Auch ein Zigeuner K. L. war bei Auschwitz, welcher ist auch am Ende 1944 likwidirt geworden.)

Zu den Patz auf rechts, auf welchen es haben sich gefunden der grester Teil Menschen, sind eins nach den anderen angekommen Autos gefürt von S.S. Männer, welche haben die unglückliche Leute geführt zum Krematorium. Unter der beiserei von die Hunde, unter die Schläge von die S.S. Männer haben die areme, unschuldige Leute gemusst auf die Autos aufsteigen. Der Mensch, was hat das nich beigewohnt, der kann sich das nicht vorstelen, wiso es hat ausgesehn so ein Bild.

Und so stehendig und zuschauendig das ganze Bild, habe ich derfi [gespürt], das mein Gesicht fangt an zu nas werden, und es fangen sich an zu kulern schwere, bitere Trenen von meine Augen. Trenen, welche haben bewojnt meine teuertste und liebste, Trenen, welche haben bewojnt dem Schicksal von ganzen Judischen Volk. Und dan habe ich angefangen zum denken, mit was hat das Judische Volk so gesindet, mit was haben sich das die Juden ferdint auf eine solche Ende. Was senen Schuld die kleine Kinderchen, welche weren so brutal und auf so ein bestialen Art abgerisen von die Brüste von ihre Mutter. Ich habe das nicht gekant ferstehen. Ich ferstehe das jetzt noch auch nicht, nach dem wie der Hitlerism, welcher war der Kwal [Quelle] von Antisemitism, ist schon vernichtet geworden, jetzt in den Moment, wan in Europa sind gebliebene gezeilte [zählbar, wenige] Juden, herscht noch Antisemitism. Aber ich will jetzt nicht beriren keine politische fragen; und ich werde mich umkeren zu dem, was es hat dan Passirt in der schrecklichen Nacht.

Und so stehendig und schauendig ist mich gekommen der schrecklichste Gedank, der Gedank, welcher hat mich gelechert meine Gehirn, der Gedank hat mich keine Ruhe gegeben, auch speter ins Lager. Aber am anfang war das zum schlimmsten. Das war der Gedank, das ich werde mich schon nimals sehen mit meine liebe und treue Eltern, der Weg zwischen mich und die ist geschlossen für immer. Mit nicht eine ganze Stunde zurück waren wir noch

zusamen. Und jetzt befinde ich mich auf einen Platz, dicht erumgeringelt mit S.S. Männer, mit noch ein Paar Hundert junge Leutete,
welche sind ausgewelt geworden von 3000 Juden.
Und was kan ich machen, was kann ich helfen. Ich habe verbisen
die Liepen, und ich habe beschlossen, zu kämpfen gegen ale
Schwerigkeiten, auf welche ich werde antrefen im Lager. (Mer oder
weniger habe ich schon gewust, das das Leben im Deutschen K. L.
ist ganz schwer.)
Ich werde mich bemihen, wen das wird nur meglich sein, zum
iberleben den Krieg, zum derleben dem untergang von Hitlerism.
(Ich war in dem iberzeugt, das es wird dazu kommen, nicht gekukt
auf dem, das die Deutsche Truppe senen gewen so tif ineingedrungen in Russland.) Und dan Rache nemen für unschuldige Nefasches
von Judischen Volk, welche die Deutschen haben auf so ein
schrecklichen und bestialen art aussgemordet.
Der Platz, auf welchen es haben sich noch nicht lang zurück gefunden 3000 Mann, ist alles schiterer [leerer] geworden, bis es ist
gekommen zu den Moment, das nur wir, die bestimte zum Lager,
haben sich auf den Platz befanden. Sogar die tote, welche die haben bewisen [zustande gebracht] in der kurzer Zeit zum Tod zum
erschlagen, sind auch auf Autos aufgeladen geworden und zum
Krematorium abgefürt. Diese Arbeit ist ausgefürt geworden durch
Häftlinge von der so genenter «Sonder Komando». Die Häftlinge
haben gehabt die aufräumungs Arbeit bei den ankommen von die
Transporte. Und das selbe Kommando hate speter gebrandt die
fergaste Leichen von die Unschuldige areme Leute.
Ales rund erum ist schon stil geworden. Nur von der weitens hat
man noch gekant heren das gewein und geschrei von Kinder und
das spasmiren [Schluchzen] von junge Frauen, welche hate ein
Echo gefunden in die tiefenischen von der schrecklicher, finsterer
Nacht. Kein Mensch hat das haber gehert, auch wan jemand hate
das ja zugehört, hate er auch gar nichts gekannt helfen.
In zwischenzeit hat der S.S. Mann Schwarz in sein schwarzer
Limusine verlasen den Platz. Der rest Posten haben eine Posten
Kette erum uns gebildet, und unter strenge bewachung sind wir
ins Lager abgefürt geworden. Mit jeden Trot und Schrit, mit wel-

chen wir haben sich dernentert [genähert] zum Lager, ist das geschrei und gewein starker geworden. Viel mal hat man gekant erkenen, das der geschrei das is gleichzeitig der lezter Klang, welchen der unglücklicher Opfer hate erausgebracht. Und das ist plözlich auf einen Moment wider alles ruhig gworden.

Nach eine gewise zeit marschiren sind wir ins Lager angekommen. Man hat uns zur den Baderaum gefürt, vor welchen wir haben in die Reihe gewartet, bis die vor uns werden fertig sein mit der Disenfekzion und mit den baden sich. Eine Zeit lang hat sich noch zu uns dertragen das geschrei von die Unschuldige. Ruhig sind wir so gestanden, und keiner von uns war nicht feik zum erausbringen ein Klang. Jeder ist gestanden fertift in seine Gedanken und schtit in sich bewojt seine noentste [und beweinte still seine Nächsten], Seine liebste, welche haben noch mit nicht lange zurick gehabt.

Langsam sind auch die geschreien ruhiger geworden, und mit den ankum von die erste Frimorgen Strallen ist alle rund erum uns ruhig geworden. In diese kurzer halber Nacht haben die Nazis bewisen [zustande gebracht] zum vergasen 3000 Juden.

Mit dem ausleschen sich von die lezte Stirne auf den Himmel sind da hunten in die Gass-Kameren von den Auschwitzer Krematorium ausgeloschen geworgen die lezte areme Opfer Leute von unserem Transport.

Mit den frimorgen sind wir auch fertig geworder mit der Disenfektion und mit der Bad. Abgeschoren und abrasiert das ganze Haar von ganzen Körper, zerblutet und auf der selber Stelle mit den guten Disenfektions Mittel Naft geschmirt. Nach dem sind wir gleich verwandelt gewaren in etwas neues, was hat gehabt dem Namen Häftling. Noch der kalter Bad, welche hat gedauert eine 1/2 Stunde, hab jeder vo uns bekomen eine Jacke, ein Hoese, ein Hemd, ein Paar Unterhose und ein Paar Holzschue. Das war unsere ganze Ankleidung. Seer komisch haben die Leute ausgesehen, aber keinem war nicht im Gedank zu lachen. Ein grosser Mann hat eine ganz kleine Hose und kleine Jacke bekommen. Nur die Helfte von die Hände haben die Hermel bedeckt, auch von der Hose haben ganzer Sticke von die Beine inausgeschat.

Nach der so genenter ankleidung hat mann uns in eine hölzerne Baracke gebracht. Ohne Hoffen [Ofen] und ohne Licht war sie gewen. Und auch da hat mann uns nicht lange gelassen zu ruhen. Nach eine halbe Stunde hat es geheisen antreten zum Apel. Zum Apel inausgehen hat jeder gemust im Laufschrit, und befandendig man sich Drausen, hat mann schnell gemust in Reihen zu 10 antreten. Die ganze Zeremonie ist auch begleit geworden mit den Stock. Nach dem wie der S.S. Blockführer hat uns durchgezeht und der Apel war zu hende, dan sind wir noch umgefer 3 Stunden Drausen geblien; in dieser Zeit hat mann uns angefangen zu lernen die Tora [Gesetz] von Lager. Zwischen andere haben wir sich auch derwusst wie schwer es is das Leben im Lager für die Juden. Man hat uns auch gesagt, das wan einer wird ihr aushalten ein Monat, dan kann man ihm als Held nenen. Im gresten Teil, haben die uns gesagt, dan sind die Juden ihr vernichtet geworden in verlauf von eine Woche. Die haben uns auch derzeht, das das schlimste ist der s. g. «Dolmetscher». Das war ein Stock oder eine Gummi, mit welcher mann hat die Häftlinge gelernt, wan einer hat etwas nicht so sehr verstanden, hat man im mit der Hilfe von «Dolmetscher» ales erklert. Nach diesen Tag voll mit anweisungen und Lehre waren von unser Block über 30 Tote. Die ale sind ermordet geworen durch dem Blockeltesten und Stubendinste.

Auch seer schrecklich hat ausgesehen die erste Nacht. Zusamengeprest in eine Masse haben wir auf den Boden von der Holzbaracke in schrecklichen Fiber und Kelte verbracht die erste Nacht in K. L. Der grester teil ist von uns nicht geschlafen, drickendig sich einer zum zweiten, bemiendig sich zu erwarmen, hat jeder einer für sich überlegt und überdenkt, was er sol weiter machen. Füle haben beschlossen zum aufgeben den Kampf, d. h. die haben resignigrt von weiteren Leben. Dan haben die nicht fül denkendig sich gelassen zum erasgang [Ausgang] von der Baracke, dort Drausen, noch nicht beweisendig zu machen kein Paar schrit, haben sie gleich angetrofen auf den Feuer von die S.S. Postens, unter der wirkung von welche sie sind gleich nidergefalen Tod. Das war mit 1 Teil. Die zweite Teil, welche hat sich unter der Wirkung von Kelt und von die Schläge, welche die haben in verlauf von den vergangenen Tag bekommen, hat sich so schwach gefült, das ohne wort zum sagen und ohne jamern sind sie umgekumen auf den nassen, kalten Boden von der K. L. Baracke. Der 3te Teil, zu welchen ich kan mich auch zurechnen, hat ruhig und schtil für sich überlegt die Situation, in welche er befandet sich. Nicht gekuckt, was der resultat von solche Gedanken war ein ganz miser, habe ich doch gebliben bei meins: Kämpfen und noch mal kämpfen, sich nur nicht lassen inausschlagen den Mut, weil «Mut verloren – ales verloren».

Und so vertift in meine Gedanken, denkendig und erinerendig sich an das alem, was hat passirt die vergangene Nacht, bin ich eingeschlafen. Ich habe aber nicht lang gekant schlafen. Ich habe getraumt von dem Platz von Gestern, ich habe in meinem Traum gesehen dem S.S. Mann Schwarz mit der schwarzer Gummi in der Hand. Ich habe getraumt vom meine Eltern und Geschwister, welche haben noch mit 24 Stunden zurück gelebt, und jezt ist von die nur geblieben ein bischen Asche. Und bei disen Gedank hat sich bei mir in Kopf gebildet ein zweiter Gedank: Warum bin ich den beser von meine Eltern, warum soll ich beser sein von die 3000 Mann, welche die S.S. hat die vergangene Nacht umgebracht, warum lebe ich und die andere nicht?

Und dan bin ich zum Ausfir [Schluss] gekommen: Nein! Ich bin nicht besser von die und ich brauch auch nicht Leben. Ich wolte schon aufstehen und zulaufen zu die Türe und machen ein Ende zu meine fisische und moralische leiden, eine Ende machen zu die schlechte Gedanken, welche haben mich erumgeringelt [umgeben] so wie Geschpenster. Zerschlagen und halb erfroren bin ich so gelegen auf den nasen Boden, und in dem richtigen Moment sind zu mich auch gekommen die gute Gedanken. Ich habe mich dermont [erinnert] an den verschpruch, was ich habe mich gestern gegeben. An den verschpruch zum kämpfen und sich nicht zu untergeben.

Lang war für mich diese Nacht. Ruhig und stil sind wir so gelegen, nur in zwischenzeit haben sich zu uns dertragen die einzel schüsse von der S.S. Waffen, welche haben mit jeden Knal ausgeloschen das leben von einem Menschen. Und dan ist wider alles rund erum

ruhig geworden. Nur dem schweren Atem von meine Kameraden,·
welche sind neben mich gelegen, habe ich gehert.

Und auch zu dieser Nacht ist gekommen die Ende. Genau 4 Uhr
war das, wen es haben zu uns in die Baracke ereingelaufen die
Merder, mit wilden Geschrei: Alles aufstehen und raus zum Apel,
sind sie zu uns zugefallen und ohne mitleid geklapt mit ihre Stök-
ke auf alle Seiten, erausbringendig zwischen der Masse verzweiflung und Tod. Nach einige Minuten waren wir schon alle Drausen,
d. h. die welche haben noch Kreften gehabt zum inauslaufen von
der Baracke. Und dort sind wir wider genau so wie gestern zum
Apel angetreten. Füle von uns sind in der Baracke geblieben, nich
habendig keine Kreften zum aufstehen und zum inausgehen zum
Apel. Die haben die Stubendienst zum Tod ermordet. In dieser Zeit,
was wir sind auf dem Apelplatz gestanden, haben wir gesehen,
wie man hat unsere ermordete Kameraden von der Baracke
inausgetragen, auf einen Wagen aufgeladen und zum Krematorium geführt. Der Krem. war von uns umgefehr von 2 bis 300 m.
entfernt. Wir haben sich dan befanden in dem so genenten «Zi-
geunerlager». Der war für uns Qurantene Lager und gleichzeitig
vernichtungs Lager.

Vi sawi [gegenüber] uns hat sich befanden der so genenter «Arbeits
Lager Birkenau». Dort iniberschauendik habe ich gesehen, wi so
die Häftlinge aussehen. Genau so wi mit uns hat man sich auch
mit die benomen. Nich geschaut da rauf, was die haben den ganzen Tag gemust arbeiten, haben die doch jeden Morgen bekommen ihre Portion Schläge. Wan der Apel zu Ende war, hat das dort
geheisen «Arbeitskomando antreten». Und Kolonenweise sind sie
nachher von Lager eraus. Der grester Teil von die hat gearbeitet
Drausen, bei Strassenbauen, bei Steine klopfen un bei planirung
Arbeit. Ein gewiser Teil von die hat auch bei den SnderKom [Son-
derkommandos]. gearbeitet. Die sind die erste inaus von Lager,
damit die sollen zur Zeit abweksln die Nachtschicht Kom. [Kom-
mando]. Di s. g. S. Kom., das war das beste Kom. im Lager. Die
haben gehabt die beste Bedingungen. Das wichtigste was im Lager war das Esen, das haben die genug gehabt.

Nach der S. Kom. ist zu der Arbeit inausgegangen die «Kanada»

Kom. Das war ein Kom. von Männer und Frauen, welche haben gearbeitet auf dem «Kanada Platz». Das war der Platz, wohin man hat gefürt die Packete und Die Sachen von die unglückliche Opfer Leute. Die «Kanade Häftlinge» haben die Packete aufgemacht und die Sachen sortirt und nach die S.S. Magazinen gebracht. Auch zu diesen «K. P.» hat man mit Autos gebracht die Sachen, was die Leute haben ausgezogen von dem fergasen. Von diesen «K.» Platz sind Täglich abgeschickt geworden Transporten mit Sachen nach Deutschland. Auch das Geld und die vertfule Sachen sind nach Deutschland transportirt worden. Auch bei dieser Kom war gut zun arbeiten, weil auch dort hatten die Häftlinge genug zum Esen. Beim inausmarschiren zu der Arbeit und auch beim zurickkommen von der Arbeit hat geschpielt ein Orchester von Häftlinge.

Nach dem erasmarschiren von die Kom. hat sich angefangen die sauberungs Arbeit in Lager, d. h. die alle, welche sind nicht zu der Arbeit eraus, welche haben keine Kreften gehabt zum erausgehen zum arbeiten, hat man gesamelt von den Tor und unter eine begleitung von S.S. abgefürt zum fergasen. Wer es arbeit nicht, hat kein Recht zum Leben, Ein Mann weniger – ein Brot meer. Ein gewiser Teil von die haben noch fül Mall gluck gehabt, im gresten Teil waren das die etwas sterkere, die hat man genomen zu der Arbeit ins Lager, welche ist bestanden von samlen die Tote Körper von alle Blocke und zum Krem. führen. Solche Tote Kerper waren in Birkenau K. L. täglich über 1000.

Der Lager bestand war dan von 20 bis 25000 Mann. Auch bei dieser Lager Kom. war eine Nachtschicht, weil im verlauf vom Tag haben die nich bewisen zum rausfüren alle Tote Kerper. Beim vorbeigehen bei den Stos tote hat mann fül mal gekant noch heren ein stilen beten noch hilfe. Das waren die Stime von Menschen, welche waren noch nicht ganz Tod, und im solchen Zustand hat man die Leute verbrand. Schrecklich, sehr schrecklich hat das alles ausgesehen.

Und jezt werde ich mich zuruckeren zu unser Lager und zu dem, was es hat bei uns passirt nach dem Apel. Das erste was wir haben angefangen nach dem Apel war Sport: Laufen, inlegen, rollen, schnell aufstehen und so weiter. Das hat gesolt heisen Mitleid mit uns, wir sollen nicht erfriren von Kelte. Auch der Sport machen ist begleit worden mit dem Stock. Wehe war schon zu den, wer es hat etwas verfelt oder eine Hibung nicht so schnell ausgefürt. Nach den Sport machen haben wir bekommen etwas verflegung und zwar: 1 Liter Kaffe für 5 Mann.

Nach dieser «Verflegung» haben wir zu 5 angetreten und zu der Häftling Schreib-Stube eriber gegangen. Dort hat man jeden genau aufgeschrieben und eine Numer auf der Hand ausgetatuirt. Wan das alles zu Ende war, sind wir zurick ins Block gegangen. Dort haben wir ein Stück Brot mit Margarine bekommen. Ein grosser Teil von dieser kleiner verflegung ist noch geklaut geworden durch den Blockeltesten und durch die Stubendienste. Der grester Teil von die waren R. Deutschen, welche haben den grinen Winkel getragen [Teil der eintätowierten Gefangenennummer], was hat bedeutet «Berufs Verbrecher»; für diese war schon Auschwitz nicht der erster Lager, der grester Teil von die hat schon von Auschwitz verbracht über 10 Jahre in verschidene K. L. und Zuchtheuse. Und die Banditen, welche haben noch von der Freiheit füle Menschen auf den gewissen gehabt, die waren unsere aufseer und verflegungs verteiler. Fül mall haben wir von unser Blockeltesten gekant heren: «Wan ihr wird nicht disziplinirt sein und gehorchsam, dann kant ihr erleben, das was meine Frau und Tochter haben bei mir erlebt, die beide habe ich mit einen Rasiermesser die Kele durchgeschniten.» Und für dem ist er ins Lager gesesen. 1943, das war sein 16 Jahr in ferschiedene Zuchtheuse und K. L. Und jezt kant ihr euch vorstelen, was wir haben mit die Leute gemiest mitmachen. Und mit solche hat mann uns eingeschpert, mit Banditen, in welchens Härzer es hat geflossen nur Merderisch Blut.

Und so ist vorbei der erster Tag. Und es ist gekommen die 2-te Nacht. In dieser Nacht haben die Kameraden, welche sind nicht geschlafen, gekant hören das jamern und weinen von Frauen, Männer und Kinder. Das war der 2-ter Transport von unser Stat. Genau so wie mit uns haben die Auch mit die gemacht: von 250 bis 300 sind ins Lager gekommen und dem Rest haben sie fergast. Die ganze Nacht habe ich gehert das rollen von die Reder über der Strasse. Die Strasse ist gelegen ungefer 20 bis 30 m von unsere

Block, und die hat direkt zum Krem. geführt. Diese Nacht war bei mich eine von die schrecklichste. Und auch sie hat sich beendet. Zumorgens, wan mann hat uns zum Apel erausgetriben, haben wir schon von der weitens gesehen ankomedig unsere bekante, welche man hat Leben gelassen von dem 2ten Transport. Genau so wie wir waren sie mit den ankomm von Tag fertig mit der Diesenfektion und mit der Bad. Das war der zweiter Trns. Die nechste zwei Tage sind noch zwei Trns. von unser Stadt gekommen. Und zusamen vo diese alle 4 Trnsp. sind ins Lager gekommen ca.1000. Der rest 9000 ist fergast und ferbrand gewworen.

Der zweiter Tag war genau so wie der erster. Zu Arbeit sind wir nicht gegangen. Unser Zeitvertreib ist bestanden von: Sport, Apelen und von «Selekzies». Und so sind vergangen die Tage eins nach dem anderen. Jeder Tag hat für uns gebracht füle Tote, und die, was haben noch gelebt, sind von Tag zu Tag schwecher gewworden. Und so sind vorbei 7 Wochen. In zwischen Zeit sind zu uns ins Lager angekommen Trns. [Transporte] von Holland, Tschechen und von Deutschland, von Berlin. Dem 16 März 43 hat unser Lager gezählt ca. 1000 Mann. Zwischen welche es haben sich befandet ungefehr 200 Mann von unsere 4 Trns.

Und dan ist gekommen, das für was wir haben so fül Hangst gehabt. Unsere Quarantene Zeit hat sich beendet, und wir haben gesolt kommen jetzt nach der Arbeits-K. L. Dem 17 März 43 sind ca. 800 Mann von uns zugeteilt gewworden zum Auschwitzer K. L. Den Rest 200 hat mann den 18 März 1943 nach den K. L. Birkenau gebracht. Nach eine oberflechliche Untersuchung von dem S.S. Arzt und nach einen kalten Tusche, welcher war genau so wie dan, wan wir sind angekommen, hat uns der Arbeitsdienst zu ferschiedene Kom. zugeteilt, und gleich nach dem sind wir in die entsprechende Blöcke abgeführt gewworden. (Jedes Arbeits Kom. hat gehabt ihr Block.) Fül von uns sind zugeteilt gewworden zu Strassenbau, fül zu planirungs Kom. zu Steine klopfen und zu andere. Ich und noch 2 Kameraden sind zugeteilt gewworden zu der Schrecklicher und berimter S. K. (Sonder Kom.)

Wann wir sind dort ins Block gekommen, haben wir sofort zum Esen bekommen. Nach dem Esen war der Abends-Apel, und wan der zu ende war, sind wir schlafen gegangen. Auch diese Nacht war bei mir eine ganz trauerige. Ich habe sehr fiel Hangst gehabt für der Arbeit, weil nach den 7 Wochigen aufenthalt in Zigeuener Qur. [Quarantäne] Lager habe ich von mein Gewicht verloren 23 Kg. Ausgemagert und ohne Kreften habe ich mich überhaupt nich gekonnt vorschtelen, wi-so ich werde kannen arbeiten. Und dan habe ich gedenkt: jezt ist auch für mich die Zeit gekommen, genau wie für meine Freunde und Kameraden, welche sind noch in den Z. Qu. L. um Leben gekommen. Und mit diese Gedenken bin ich eingeschlafen.

Die Nacht ist für mich durch ganz schnell. Frimorgens beim auf-stehen haben wir schon gehert, wie der Stubendienst ruft uns. (Ins Lager hat man niemals auf den Namen gerufen, nur nach den Numer.) Wir haben sich gleich zu im gemeldet, und Er wie ein guter fersorger hat uns gleich nach dem Apel abgefiert zu dem Platz, wo unser Kom. ist angetreten. Es hat nicht lange gedauert, und die Musik hat angefangen zu spilen, und wir als erste sind zu der Arbeit geganghen. Nach einen Marsch von 10 Minuten haben wir sich befandet auf den Hof vo Krematorium, welcher hat sich befandet im Wald auf der rechter Seite von der Strasse. Nach dem wie der Kom. Führer hat uns auf dem Platz durchgezeht, sind alle verschwunden, jeder zu sein Arbeit. Nur wir 3 als zugenge sind wir gebliben auf dem Platz zum warten, bis man wird uns zur Ar-beit zuteilen. Wir sind dan vorleufig zugeteilt geworden auf 1 Tag zur Rolwagen Komm., von welcher die Arbeit ist beschtanden nach dem Familien-Lager fahren und von dort die Tote Körper von vor dem Block zu samlen und zum Krem. führen. Diese Arbeit habe ich nur 1 Tag gemacht, dem 2ten Tag hab ich frei gehat, und am Abend den 20. III-1943 bin ich angetreten zu der Nachtschicht S. K. (Sonder Kom.)

Und dan hat sich fier mich jezt angefangen das ergste. Gleich wie wir sind nur zum Krem. Platz gekommen, ist gleich ein Befehl ge-kommen: Das wir sollen sofort zu der Rampe kommen, das ein Transport ist angekommen. Wir sind gleich angetreten, und in der begleitung von S.S. haben wir marschirt zu dem Platz, durch wel-chen wir sind mit nicht ganze 2 Monate zurück angekommen. Wen wir haben sich zum Platz dernneentert, haben wir vor uns gesehen ein grossen Last-Zug,von welchen es sind von die Wagons ausgestigen unglückliche Leute, von welchen der grester Teil war zum Tod verurteilt. Das war ein Transport Grichiesche Juden aus Saloniki. Der Zug ist bestanden von 30 bis 35 Wagongs, welche waren überfielt von Leute. Der ganzer Transport hat gezelt ca. 5000 Menschen. Die areme aussteigende Leute haben so eine Aufnahme nich erwartet, so das die waren ganz verzweifelt. Schrecklich hat das ausgesehen. Viel von die haben sich gelasen laufen. Aber das S.S. Gewer hat sofort ein Ende gemacht zu ihren Pein. Ein grosser Teil von die ist gefalen in Onmacht, und die haben die S.S. zum Tode erschlagen. Nur ein ganz kleiner Teil hat sich gut gehalten und geherscht über sich.

Ich, wan ich habe das gesehen, habe ich mir ganz verloren, aber zum Glück habe ich mich sofort beherscht. Aber sehr verwolkend war bei mir aus Herz, wan ich habe angefangen zu denken über den Schicksal von die umschuldige areme Leute. Ich habe vor mich gesehen Junge Männer, Junge Frauen, kleine Kinder und auch eltere Leute, und der grester Teil von die hat marschirt auf Rechts, was hat bedeutet zum vergasen. Nur ein ganz kleinen Teil hat der S.S. O. Stu. [Obersturmführer] zugewiesen ins Lager zu kommen. Im diesen Tat kann ich mir ausdricken, das ca. alle sind durch die Autos zum Krem. geführt geworden. Und ich laufendik mit Packete oder Koffer in die Hende habe da alles zugeschaut.

Und so Arbeitendig sind zu mir gekommen verschidene Gedanken. Ich habe mich erinert an dieser Januar Nacht, in welcher ich habe sich hir befienden mit meine Eltern und Geschwister. In der Nacht, in welcher die Banditen haben sie von mich wekgeraubt. Schrecklich und umeglich zum beschreiben ist das. (Wan diesen Papier hätte gekant schprechen, dan hätte sie euch bestimt meh erzehlt wie meine Worte.) Und so inaustragendig die Packete von die schon lehr gewordene Wagongs habe ich so gedenkt: Wifiel Kreften und wifiel Jahre Arbeit hat das euch gekostet, bis ihr seit dazu gekommen, und jezt hir raubt man euch alles weg nur in einige Minuten, und das Leben, eur aremes Leben, das Wichtigste, rauben die auch von euch zu; die hören euch nicht aus, die willen überhaupt nich denken von den, was sie mit euch machen, die schauen nicht zu das Klagen von die Mutters, von welche man nimt die Kinder weg, die schauen auch nicht auf die Kinder, von welche man hat die Familien wekgeraubt. Und ich schau auf die und denke: O, areme Menschen, o areme und zum Tod verurteite, wifiele vo euch habe noch gar von das Leben nicht genosen, wifiele von euch haben verschieden schöne Gedanken gehabt für die Zukunft, und jezt musst ihr umschuldig umkommen. O umglückliche Volk, o unglückliche Menschen, was habt ihr schuld, das ihr Juden seit. O areme Seuglinge! was seit ihr Schuld, das ihr mit den Name Jude geboren seit, Das euere Eltern Juden sind, und für das einzige musst ihr jezt mit eures junge Leben bezahlen? Wiefil areme Menschen sind schon hir in den Auschwitz vor euch ums Leben gekommen? und auch wiefiel areme kommt noch jezt die Reihe? Und wer kan euch helfen?, wer hört zu euer gewein und euer geschrei?, wer fielt mit die areme junge Mutters, von wemes Hände es weren die Seuglinge erausgezogen und gegen der Wand geschmisen. Nein, das kannt ihr nicht glauben, aber ich glaube das, weil ich habe das mit mein Augen gesehen. Wer kann euch helfen? Die, was euch helfen kannen, die sind so weit; die kannen euer jamern und weinen nicht hören. Und die, was sind mit euch zusammen, die leiden gleich mit euch, die hören alles zu, die fielen euch mit, aber die kannen euch gar nicht helfen. Die wissen, was euch erwartet, aber was kannen die machen. Die sind zu schwach, sich etwas zu unternehmen, sich zum gegenschtelen die Mörder. Nein, das hat doch kan Sin, das kann uns gar nicht helfen. Zu stark ist die S.S., und zu scharf sind ihre Kugeln, welche haben bis jezt immer zum Zil erreicht.

O, hofnungslose Menschen, in der selber Zeit, wen ihr da steht und wartet in die Reihe zum aufsteigen auf die Autos, welche führen euch zum vernichten. In dieser selber Zeit, in der selber Nacht, nicht weit von dem schrecklichen Platz, in der Gebeude vo S.S. Teater wird gesungen und getanzt, dort weiten sich die schrekliche Bestien nach ihrer Togiker Arbeit.

Dort kommt keinem nicht auf dem Gedanke zu mitfielen die areme, wiso kannen die euch mitfillen, wan noch dem selben Tag haben sie nicht von einen das Leben geraubt. Und jezt, dicht erumgeringelt [umgeben] von Frauen, bei die Tischen voll mit Schnaps und Likern sizen sie und weilen sich, die kommt gar nicht der Gedank, das auch für sie wird der Tag kommen, und vileicht wird ihre Ende genau so grausam sein wie die Ende von die Juden aus Europa.

Aber die denken nicht von dem, ich, ich aber ferges es nie, weilt das ist meine einzige Hoffnung. Ich weis ja auch und bin überzeugt, das in der selber Zeit auch in dieser selber Nacht, wan in K. L. Auschwitz weren umgebracht durch diese Tausend umschuldige von Menschen, wird dort in die Tiefenischen von Russland, in den weite America und in England geschafen und produziert Munition, welche werden noch euch ganz Deutschland mit euer Hitlerism zerschtern. Und dan wird ihr für alles bezahlen, dan wird auch für euch die Reihe kommen. Solt ihr mal auch versuchen, wie gut das ist zum umkommen, wie gut das ist für ein gesunten jungen und frischen Menschen, ineingehen in Gas Kamer und dan in Asche verwandelt zu werden. Ihr denkt jetzt nicht von dem, vileicht schtelt ihr euch vor, das euer Hitlerism das ist eine ewigkeit. Nein, O Nein, auch für euch wird die Ende kommen, aber wer weist das, ob wir werden dan noch Leben. O, unglückliche, ich sehe jezt für meine Augen, ihr verurteile zum Tod, ihr wird das beschtimt nicht erleben.

Und so laufendig mit die Koffer in die Hend hin und her und denkendig nur an dem, wifiel areme Leute schlafen noch jezt in ihre Heime, wifiel Mutti sind noch jezt zusammen mit ihre Kinder und Morgen, villeicht schon Morgen werden sie sich hir befanden, hir auf den schrecklichen Platz, von welchen nur ein kleinen Teil kommt mit dem Leben eraus. In dieser Zeit, wan wir haben da die Packete gesamelt, haben die Autos bewisen zum wekfaren die Menschen von Platz.

Und jezt werde ich euch bekant machen, was hat mit die Leute passirt, wan die sind von die Autos ausgeschtiegen. Austegendig von die Autos haben sie sich befandet auf dem Hof von Krem., welcher war bewaksen von schöne Reihen junge Beume. In der mite von Hof hat sich befunden eine grosse Gebeude, von der mitte, vo welcher es hat erausgeschaut ein risig grosser Kamin. Und durch diesen Kamin ist schon zu jener Zeit eraus der Rauch von ca. 1/2 Million Mann. Gleich nach dem, wie alle sind von die Autos ausgestigen, hat man die angefangen zu inunteriagen im Keller, zu welchen es haben geführt breite Stigen ungefehr 3 bis 4 Meter breit. Inunterkommendig von die Stigen haben sie sich befandet in einem langen Schmalen Koridor. Im welchen es hat sich auf der rechter Seite befandet ein Aufschrift mit schwarze Farbe «Baderaum». Ineinkamendig in dem Saal ist das erste, was man hat gekant sehen, gewen Viel sehr Viel Sachen Henger [Kleiderhaken], welche haben dicht bedeck alle Wände. Runderum die Wende sind Benke gestanden, welche sind benuzt geworden zum sich insezen beim ausziehen von die Schuhe. Wan der Saal war ganz Voll, hat sich eine Tühre geefnet und der s. g. Kom. Führer von Krem. ist inein. Mit kurze Worte hat er erklert die Leute, das die kommen jetzt zum Baden, das die sollen alles von sich ausziehen, und in Ordnung jeder seine Sachen auf einen besonderen Henger aufhengen. Unter die Sachen, hat er gesagt, die Schuhe zu instelen. Damit bei dem inausgehn soll jeder seine Sachen zurück anziehen kännen. Und dan ist Er von dem Zimmer eraus. Nach eine gewise Zeit waren alle im Saal ausgezogen. Dan hat sich eine Tühre aufgemacht, durch welche sind viele S.S. Männer mit Hunden erein. Und die haben die nackte in der gegenseitiger Richtung getrieben. Auch von dieser Seite was schon aufgemacht ein Tühr, welche hat zum Gaskammer gefiehrt. Erst jezt haben die unglückliche orientiert, was da alles vorkam. Jezt hat sich aufgehoben der richtige verzweiflung Jamer. Viel haben angefangen zum sagen «Vidui» [Sündenbekenntnis]. Viele sind in onmacht gefalen. Aber nach einen ganz kurzen Kampf ist die ganze Masse inibergetrieben geworden in gross Gasskammer. Viel von die waren zerbiesen und verblutet von die S.S. Hunden. Wann der ganzer G. Kam. voll war und die Türen zugeschpert, dan hat man von oben den Gas ineingelast. Das war der s. g. Zicklon, welchen man hat Wagongweise nach Auschwitz aus Hamburg gebracht. Nach 10 bis 15 Minuten waren alle in den G. Kam. Tod. Und dan hat man dem G. K. so wie eine Winde eraufgezogen auf der Fläche von 1 Stock, wo es haben sich befandet die ferbrennungsHofen. Wenn die G. K. oben war, dan hat man von beide Seiten die Türen aufgemacht, vor dem aufmachen haben noch die Ventilatoren die Luft gesaubert. Ineinschauendig in den G. Kam. hat man für sich ein schrecklich Bild gesehen: Hunderte von Tote Menschen sind gestanden zusamengeprest einen zu dem andern, die Gesichter, von welchen es waren blau oder hell grün. Der grester Teil von die haben gehabt dem Mund ganz aufgemacht mit der Zunge Drausen. Das war der Zeichen, das die haben sich vor den Tod geschtickt. Ferschidne waren auch geschwolen. Im gresten Teil sind die kleine Kinder dopelt dick geworden nach der Vergasung. Nach dem wie man hat von die Tote die goldne Zähne inausgezogen und von die Frauen die lange Haare abgeschniten, hat man sie zum verbrenen gefürt. Nach dem wie die tote Körper haben sich im Hofen angezunden, hat man von drausen in einem Unkreis von paar zendlig [zehn] Km. gekännd sehen die Feuerzunge, welche haben sich von Kamin zum Himmel hoch gezogen. Die haben geflatert in die finstere Nacht und haben beleuchtet die ganze Gegend eraus. Es hat ausgeschaut, wie die Feuerzungen etwas sprechen, aber nicht viel von die, was haben das Feuer gesehen, haben das verstanden.

Bis der Morgen ist gekommen, war schon die gressere Helfte Tot. Und nach dem, wie die Tagschicht hat uns abgewekselt, sind wir ins Lager gekommen. Ineinkommendig im Block habe ich mich gleich auf den Bett ingeschmissen. Wir haben noch dan zum essen bekommen, aber ich war sehr sat mit meine Gedanken und mit die schreckliche Bilder, was ich habe in verlauf von der ganzen Nacht gesehen. Uns so ligendig auf dem Bett, fisisch ausgemartert mit ein zerbrochen Herz habe ich langsam angefangen zu weinen. Ganze Kwale [Ströme] von Tränen, welche waren mit Blut gemischt, sind von meine Augen geflossen, Tränen, welche haben bewojnt dem Schiksal von den Judischen Volk, von die, welche sind schon bis jezt umgekommen und von die, welche werden die nächste Wochen oder Tagen hierher gebracht werden zum vernichten. Ich habe auch gewojnt über mein Schiksal, warum komt dass mich zu, denn habe ich noch wenig geliten, warum komt das mir zum arbeiten bei der S. Kom., zum anschauen die schreckliche Bilder. Zu sehen die gesante junge Menschen. Frauen und Männer, kleine Kinder, und die alle werden wie die Schaffe zum Tod getrieben. Schrecklich, ganz schrecklich war das. Und dan habe ich beschlosen, mit die ganze Krefte zu kämpfen zum sich inausbekommen von der S. K.

Und mit diese Gedanken bin ich eingeschlafen. Ein schreckliches schlafen war dass, voll mit Bilder von der vergangene Nacht. Ich habe in Traum gesehen viel Gestalten von Menschen, welche haben auf mir geschaut, ich habe gelesen in ihren Blick, das die bitten mir um Hilfe, das die rufen und schreihen: «Rete uns, wir sind noch so jung, wir willen noch nich sterben.» Und ich, welche war genau so wie die auch zum Tod verurteilt, habe doch gar nicht gekant helfen. Ich habe in Traum zu die geschprochen, ich habe mich für die verteidigt: O unglückliche, glaubt mir, ich verstehe euch sehr gut, ihr wollt nicht sterben, ihr seit jung und wolt Leben, nur glaubt mir, das ich kann euch nicht helfen, wan ich gekännt hätte, hätte ich euch bestimt geholfen. Ich bin doch der selber armer wie ihr, meine ganze Familie haben doch diese Banditen auch ermordet, und wie lange ich werde noch leben, das weiss ich auch nicht. Ich kann euch nicht helfen, nein, dazu bin ich zu schwach.

Und in dieser selber Zeit, was ich bin in Block so geschlafen und im Krem. hat man dem Rest Leute gebrant, haben die Autos, die selbe Autos, welche haben in die Nacht die Menschen zum Krem. geführt, haben jezt die Sachen von die Unglickliche gefirt von Krem zum «Kanada Platz». Auch die Packete von der Rampe haben sie zu «K. P.» gefürt, dort hat man sie ausgepackt und schön auf die Fecher von die S.S. Magazinen gestapelt.

Ganz kurz war für mich dieser Schlaf. Schnell ist der Tag für mich vorbei, und der Abend ist zugefallen. Nicht ausgeschlafen, zerbrochen und Müde von der voriger Nacht bin ich eingetreten zu der Arbeit. Schwer und bitter habe ich auch diese Nacht gearbeitet. Und wieder ein müder und zerbrochner bin ich frimorgens ins Block gekommen. Und wieder mit die selben Gedanken. Aber ich habe beschlossen und bin gestanden bei meins: Kämpfen und nochmal kämpfen, und der Kampf war gar nicht so leicht.

Viele hunderter Menschen sind jeden Tag bei uns im Lager umgekomen. Ganze Stosen mit Hunderte von Toten hat man vor den Block 7 gekant sehen. Der Block 7, das war die so genente «Toten Qurantene». Das hat bedeutet, kranke und umarbeitsfeike Häftlinge haben die gesamlt und im diesen Block ineingeschmiesen. Dort haben sie nicht zum trinken und auch nicht zum Essen bekommen. Dort waren sie so lang, bis die waren Tod. Die Fenster von diesen Block waren mit Eiserne Kraten [Gitter] geschpert. Ineinschauendig durch das Fenster hat man dort ein schreckliches Bild gesehen. Hunderte von kranke, schwache Menschen, welche haben auf den Tod gewartet. Der grester Teil ist von die auf den Boden gelegen, weil es waren dort keine Betten, ein gewisser Teil hat sich bewegt hin und zurück von eine Wand zu der Zweiter. Und so erum mit die Schrite mestendig die Zeit, welche ist ihm noch gebliben zum Leben. Jeden Tag hat man von diesen Block Hunderte von Leichen inausgetragen, und genau so viel neu gebracht, so das der Bestand hat sich nicht geendert. Viel mal pflegt man mit die Tote inaustragen Menschen, welche haben noch gelebt, nur die haben blos ausgeschaut wie Tod. Und im diesen Zustand hat man die zu verbrennen gefiert.

Viel mal pflegt man auch die Kranke nicht in Block 7 zu bringen, nur gleich zu vergasen. Aber jezt in dieser Zeit, von welcher ich beschreibe, hat man keinen Platz gehabt im Krem. zum gasen, weil das Gaskammer war übervoll von Transporte mit Juden von ganz Europa. Viel mal vorbeigeendig vor dem Block 7, hat man gekannt sehen im Fenster ferschiedene Häftlinge. Bleich und halb Tod waren die Gesichter von die. Schtil und ruhig sind sie so gestanden bei die Fenster mit die Gesichter zu gedruckt zu die Kraten [Gitter]. Inausschauendig. Draussen haben sie so gewartet auf den Tod. Nur die Augen von die, die Augen werde ich nicht vergesen, die haben viel geredet. Die haben geschaut in die Weite, dabei haben die von irgend etwas gedenkt. Der vorbeigehender hat nicht gekant denken, das die überhaupt zum Tod verurteilt sind, so ruhig sind sie gestanden. Aber ich habe ihren Blick verstanden, die haben inausgeschaut in die Weite wartendig auf hilfe, aber die haben bestimt gewusst, das keine Hilfe kommen wird. Das hat ausgeschaut wie Matrosen, welche schauen den letzten mal erauf zum Himmel von ein schnell sinkendes Schiff.

O, areme Menschen, zu was seit ihr überhaupt geboren. Hat ihr den wan gedenkt, das auf so ein misen Art wird sie euer Leben beenden. Und Menschen willen euch helfen, aber die sind weit ganz weit von hir. Die, was sehen das zu, die können euch nicht helfen. Die, was euch helfen mechten, die können das sich überhaupt nicht vorstelen, wiso das hir aussiet. Die richtige Warheit wissen nur die, was sind hier zusamen mit euch, die leiden auch und fielen euch mit. Und mit solche Gedanken habe ich mir immer erumgedreht ins Lager. Acht Nächte und ein Tag habe ich noch dan gearbeitet bei das Sond. Kom. Und dan hat sich mir eingegeben von dort zu erausgehen.

Ich bin mit ein Transport von K. L. Birkenau nach dem K. L. Auschwitz gekommen. Das war am ende März, und von dan war ich in K. L. Auschwitz bis zum 18. I. 45. Das war der Tag, im welche das ganze K. L. Auschwitz hat ewakuirt, über der gefahr von die ankomende Russische Truppen. Im verlauf von dieser Zeit habe ich mitgemacht viele schwere und traurige Momenten. Bis umgefehr Juli 1943 waren die Bedingungen schreckliche, die selbe wie in K. L. Birkenau. Von Juli 43 hat sich die Lage angefangen für die Häftlinge bischen zu besern. Nicht viel beser ist geworden, aber doch eine Enderung hat man gefült.

Eine von die traurigste Sachen waren die s. g. Selekzies (Selektion). Das hat vorgehend ausgesehen: Das war immer nach dem Abend Apel. Zuerst pflegt kommen der Befehl, semtliche Häftlinge verlassen den Apel Platz, nur die Juden bleiben stehen. Dan haben wir verstanden, das es ist etwas nicht in Ordnung. Nachdem ist der zweiter Befehl gekommen, alles ausziehen, sogar die Schuhe, ob das Sommer war oder Winter, musten wir stehen und in die Reihe warten, bis die Selektie sich anfangen wird. Eine nach die andere sind wir Blockweise zum Apel-Platz gekommen. In den mite von dem Platz ist gestanden der Lager Arzt mit viel S.S. Männer. Wan die ale vorbereitunge fertig waren, hat man von vorne gehert rufen Block 1. Das tat bedeutet, das die J. Häftlinge von Block 1 sollen vormarschiren. Einer nach dem anderen musten die nackte Häftlinge vorbeimarschiren, vorbei dem Lager Arzt. Nach einen Blick über dem Häftling hat ihm der L. A. angewisen eine Richtung, wo der gegen ihm stehender Häftling soll gehen. Hat er gezeigt auf Recht, hat das bedeutet, das er hat ihm anerkent als noch feig zum arbeiten. Aber wenn er hat jemanden die Richtung auf Links gezeigt, hat das [bedeutet], das der vor ihm stehender Häft. ist nicht mehr arbeitsfeig. Und solche Häft. haben kein Recht mehr gehabt, ins Lager zum Leben. Jetzt schon wisendig mehr-wehnige wie und wieso eine Selektion hat ausgesehen, kan man sich vorschtelen das Herz von ein Häft. 10 Schrit von dem Selektion Tisch. Langsam gehedig so sind verschidene Gedanken mich auf den Sin gekommen, in welchen Richtung wird er mich zuweisen, Rechts, oder Links, und von dem war abhengik meine ganze Zukunft.

Und so habe ich mir vielmal vorgestelt, vor dem wie ich zum Tisch zugekommen bin, das er hat mich nach Links angezeigt. Und ich stehe so zusammen mit meine Lager-Kameraden, welche sind auch auf Links zugewisen geworden. Und ich stehe und schau mit ein trauerigen Blick in die Tifenis von der Nacht. Ich schau auf den Himmel und die Sterne und ich denke, wie schön ist die Natur, wie schön ist die Nacht und wie schlecht sind die Menschen. O, den Himmel und die Sterne, ich sehe sie jezt zum letzten mal, Morgen fruh wan die Sonne aufgehen wird, dan wird schon der Wind tragen die Reste von meinem Körper, welche werden in der vorm von Rauch und Asche erausgetragen werden durch dem Kamin von Auschwitzer Krem. Aber das habe ich mir nur vorgestelt. Ich habe mich keinmal nicht befandet auf die linke Seite, wann ja, dan hätte ich schon jezt nicht mehr glebt. Und solche selektionen bin ich vorbei ungefehr von 25 bis 30 mal, und immer bin ich zugewissen geworden rechts. Aber stelt euch vor mein Herz 1 Seckunde vor dem anzeigen von der Richtung, wo ich sol mich ingeben. Und jezt mein Herz 1 Sekunde speter laufendig mit meine Sachen under den Arm in der Richtung zu mein Block. Ereinlaufendig im Block, vo ich habe mich getrofen mit meine Kameraden, hat das bei uns geheisen: Noch einmal sich ausgedreht von den Teuvels Hände. Wer kan das wissen, ob er wird mich dem komenden mal nicht schnapen. Aber jezt will ich von den nicht denken, jezt muss ich schnell zu Bett gehen, bis Tag sind nur einige Stunden gebliebęn, und Morgen fruh muss ich doch zu der Arbeit gehen.

Liegendig ins Bett habe ich stil und mit einfache Worte bewojnt den Schiksal von meine ungluckliche Kameraden, welche sind auf die lienke Seite zugewisen geworden. Ich habe auch mit ganz primitiwe worte, welche sind von mein Herzen gekommen, gedankt für den Glück, was ich habe den vergangenen Abend gehabt. Ich habe auch von dem gedenkt, das jezt werden wir ein paar Wochen frei haben, und bis der kommender Selekzie kan doch sich noch vielleicht etwas enderen. Und mit solche Gedanken nich wilendig denken von das schlechte bin ich eingeschlafen.

Nach einen kurzen Schlaf von 2 bis 3 Stunden habe ich gemust aufstehen und wieder zu der Arbeit gehen. Wan ich bin Frimorgens zu den Platz gekommen, wo unser Kom. ist angetreten, habe ich anstadt 120 Kameraden nuch 80 getrofen, der Rest 40 war Gestern Abend durch der Lagerarzt als nicht arbeitfeig anerkant. Unser Capo, welcher hat das angeschaut, ist sofort zum Arbeitsdienst gegangen, von wo er hat andere 50 Häftlinge für die Arbeit mitgebracht.

Und jezt komt ein Tag bei der so g. «Kanada Kom». Gleich nach dem wie der Orkester hat angefangen zum spielen, sind wir zu der Arbeit eraus. Nach ein 10–15 Minutigen Marsch sind wir zum «Kanada Platz» gekommen. Ineinkomendig haben wir füle Packete auf den Platz getrofen. Das hat die Nachtschicht nich bewisen zu auspacken. Nach einem Blick über den Platz habe ich sofort gemerkt, dass in die Nacht ist ein Transport angekommen. Wir haben sich schnell zu der Arbeit genomen. Gut schauendig über den Platz ist mir in Kopf der Gedank gekommen, das viel von die verurteilte Leben noch, weil man hat noch auf den Platz nicht gesehen kein Autos, welche haben gesolt bringen die Sachen von Krem. Ungefehr um 10 Uhr habe ich gemerkt die erste Autos, welche sind auf den Platz inaufgefahren. Die Autos waren ganz voll verladen mit Sachen, Wäsche, welche die arme haben noch nicht mit eine ganze halbe Stunde von sich ausgezogen. Jezt leben die schon nicht mehr, jezt sind sie schon bestimt Tod, und der Wind trägt schon dem für uns so bekanten Geruch (Krem. Geruch) über die Wälder und Felder von den Umgegend. Schnell sind wir auf die Autos rauf und genomen inunterwerfen die Sachen. Verschiedene Sachen waren das, Von Frauen, Männer und Kinder, von Reiche und arme. Und jezt hat sie der Schicksal alle zusamen vereinigt. Auch die Sachen waren alle ohne unterschied von Kvolität, schlecht und ohne Ordnung auf den Auto eraufgeschmisen. Schnell haben wir gemusst von die Autos die Sachen erunterschmeisen, damit die Autos sollen kännen zurückfahren, um den Rest zu bringen. Beim abladen habe ich noch Viel mal gefühlt von den Menschliche Körper, welcher hat die Sachen mit eine halbe Stunde zurück ausgezogen, und jezt? Jezt lebt er schon nicht. Wie schrecklich das ist, wan der Mensch in solche Gedenken sich ereinlasst.

Ich habe auch viel mal gedenkt, inausnemendig einen ausweis von die Tasche von ein gewiser Jacke, Aufmachendig den ausweis und schauendig auf das Bild von den Menschen, zu wem dieses Dokument hat gehert, habe ich vielmal angefangen, ganz stil wie für sich zu dem Bild etwas sprechen: O, unglücklicher Opfer, zu welchen dieser ausweis gehert hat, O, armer, denens Bild ich habe jetzt vor mir, hastu den mit eine halbe Stunde gedenkt, das du wirdst deine Sachen schon nicht mehr anzien? Das du schon jetzt Tod sein wirdst. Hastu davon gedenkt, das ein unbekanter Mensch, welchen du kanst nicht und mit welchen du wirdst sich schon nie im deinen Leben trefen, wird dich beweinen, wird dich bedauern, wird bedauern dein Schiksal. Wird halten deine noch warme Jakke und wird dich bedauern, genau so wie er bedauert den Schiksal von die Hunderte Tausende von Menschen, welche kommen ums Leben. Ich schau dem Jahrgang, wan er geboren ist: 1912. O lieber, du warst doch noch so jung, du hast noch bestimt nicht gewolt sterben.

Umschuldiege, Unschuldige und arme Leute. Und jezt ungefehr kent ihr euch vorstelen, wiefiel Schmerzen und wiefiel Leiden es haben verschaft für die Häftlinge die verschiedene Arbeiten, welche haben gehabt ein gewisen zusamenhang mit die Transporte oder mit die Sachen von die Menschen, welche man hat da Massenweis vernichtet.

Aber nicht lang habe ich bei dieser Kom. gearbeitet. Nicht geschaut auf die gute bedingungen, bin ich doch von dort weggegangen. Ich habe gefühlt, das die Gedanken bei dieser Arbeit werden mich vernichten. Nach lange anstrengung tat sich mich doch eingegeben, auch von dieser Kom. zu weggehen. Und dann bin ich zugeteilt geworden zu der s. g. Kom S.S. Unterkunft. Das waren die Magazinen, wohin man hat die verschieden Stoffen, Wäsche, Bettwäsche u. s. w. von dem «Kanada Platz» gebracht. Unsere Arbeit war sortiren und verpacken in 10, 15, oder 20 Stück Packete, welche man hat nach Deutschland transportirt. Bei dieser Kom. war schon nicht so schlecht. Auch die Lebensbedingungen waren dort ganz megliege, d. h. man hat so viel nicht geschlagen, und es war bischen mehr zum Essen wie irgendwo anders.

Auch dort habe ich nicht lang gearbeitet.

Das war im Dezember 1943, dan war eine Reduction, und 100 Mann hat man von dieser Kom. abgestellt. So wie ich war als Maschinen Mech. registriert, hat man mich dan zu der Union Kom. zugeteilt. «Union», das war eine Munition Fabrik, wo es haben gearbeitet ungefehr 1800 Häft. Frauen und Männer. Schwer, sehr schwer war dort die Arbeit. 12 Stunden im Tag hat man gemusst stehen den Rücken gebogen und arbeiten, und mit dieser Arbeit haben wir produziert Munition für unsere gresten Feind. Sehr oft haben dort Katastrofas passirt, viel mal haben bei der Arbeit die riesige Maschinen ereingeschtept eine Hand von jemanden. Viel mal haben sich die schwere Stanzen erabgelassen auf die Beine von ein unglücklichen Häftling.

Und nicht schauendig auf dem, das die Arbeit so schwer war und die Häft. haben so wenig zum Essen bekommen, haben die noch gehabt eine Zahl von dem, was die haben Täglich gemusst produziren. Die Norma, welche die Häftlinge haben gemusst schafen, war die selbe und viel mal noch eine gressere wie die Norma, was haben geschafen die Deutschen Zivilarbeiter. Jetzt stelt euch mal vor, wie meglig das war, für ein Hungrigen, verpeinigten und ausgemagerten Häft. zum schafen seine Norma. In Fahle, wan die angezeigte Arbeit ist nicht ausgefürt geworden, hat der Häft. schlege bekommen oder viel mal paar Nächte StehBunker. Eine Nacht Stehbunker das hat bedeutet, verbringen eine Nacht in einen Raum, welcher war ein Kwadrat mit eine Sete von ca. 60 cm. Hoch war er auch ca. 130 cm. Der Häft., welcher ist dort ineingefiert geworden, hat keinen Platz gehabt sich zum insezen. Auch stehen gerade hat er nicht gekannt, weil zu nidrig war. Nach eine 8 Stundige Nacht im Bunker hat der Häft. zumorgens wieder zu der Arbeit gemusst gehen.

Umbeschreiblich waren die Leiden, welche die Häft. vo K. L. Auschwitz sin den durchgestanden. Bei unser Union Kom. war nicht der Tag, das Häftlinge sollen nicht kriegen geschlagen. Die kleinste Sache, welche es war für uns nicht meglich zum ausfihren über unser fisischer Swäche, haben die für Sabotagie gerechnet. Bei der selber Union Kom. war auch eine Nachtschicht. Ganze 24 Stunden war die Fabrik im gang. Die Tagschicht hat Sommer angefangen um 6 Uhr, und 6 Uhr Abend hat sie beendet. Die Nachtschicht, welche pflegt der Tagschicht abends abweksln, hat wieder gearbeitet, bis die Tagschicht ist nicht gekommen.

5 Monate lang, nicht wisendig von kein Sontag, von kein Feiertag, habe ich bei der Union Tagschicht gearbeitet. Nicht einmal habe ich Strafe bekommen für den nicht kennen ausführen die Norma, welche war über meine Kräften. Wifiele Tage habe ich für mein Zeit, ohne iberaus nicht wissendig von kein Schlaf gearbeitet, Tag und Nacht? Wifiel von Nächte habe ich verbracht in Stehbunker? Und wiviel bei verschiedene Strafarbeiten. Nach diese 5 Monate Tagschicht bin ich durch den Abteilungs Meister übergefiert geworden zu der Nachtschicht Kom. Docht habe ich gearbeitet bis zum 16 Januar 1945. Bei der Nachtschicht Kom. war noch die Arbeit viel peinlichen; nich ausgeschlafen, Müde und zerbrochen haben wir gemusst die ganze Nacht über die Maschine stehen und arbeiten. Arbeiten und schafen. Munition für Deutschland, welche ist benuzt geworden gegen unsere beste Freunde; England, Russland und Amerika. Aber doch zum Gluck hat das auch nicht geholfen.

Die Russische Truppen haben sich von Tag zu Tag genentert [genähert] zu uns. Viel mal haben wir in die Nechte gekant hören, in die Nechte das Artilerie Feuer, welche war von uns derweitert [entfern] nicht mehr wie auf 50 km. Die Luft anfliege sind hofter geworden. Viel mal haben wir in die Nechte stundenlang nicht gearbeitet über die Luftangriefe. Und unter diese Umstenden und bei diese Bedingungen hat sich der Mut bei die Häft. gestarekt. Die Hofnung ist bei uns von Tag zu Tag gresser geworden. Es hat sich genentert [genähert] die Ende, auf welcher ich habe schon über 5 Jahre gewartet.

Bei mir und mein Freund Izrael Lewkowicz ist schon so weit gekommen, das wir haben schon angefangen zu machen Pläner für die Zukunft. Wir haben immer davon gesprochen, das wann wir vom Lager inauskommen werden, dan bleiben wir zusamen. Nicht er und auch nich ich haben Eltern oder Geschwister gehabt, und ins Lager haben wir so wie 2 Brüder gelebt. So auch haben wir gesolt nach dem Lager leben. Nur das Schiksal hat anders gewolt. Und bis jezt habe ich keine Nachrich von ihm, ob er lebt oder nicht. Schöne Pläne haben wir gehabt, aber leider haben sie sich nicht verwirklicht. Und so langsam ist vorbei die Zeit. In zwischenzeit hat noch eine wichtige Sache pasiert.

Das war ende 1944 haten die Häft. von der Sonder Kom. das Krem. eksplodiert und sind ins Wald zu die Partisanen weg. Aber nur ein kleiner Teil ist von die mit das Leben eraus. Als Reaktion darauf hat man in eine kurze Zeit speter eine grosse Juden «Selektion» gemacht, in welcher man hat ca. 1000 dan zum Tod überschückt. Und dan ist weiter die Zeit gegangen ohne spezielle geschenisse. Schwer gearbeitet haben wir und wenig gerut. Gross waren für uns die Nächte von Arbeit und klein die Tage für ruhen. Und so ist auch der Neu Jahr gekommen, wo wir haben dan frei gehapt. Nachher hat sich das neu Jahr angefangen. Es war bei uns nicht die Nacht, welche soll ruhig vorbeigehen. Jede Nacht waren Luftangrife, in der Fabrik war dunkel, und doch hat man gearbeitet. Und so ist der 15 Januar gekommen. Immer an 15 oder 1 hat man die Zusammenrechnung gemacht von dem, was jeder einer produziert hat. Und bei diesen lezten Mal hat sich inausgestellt, das ich habe in verlauf von diese lezte 15 Tage viel ausschuss gemacht.

Dan nicht viel überlegendig ist unser Abteilungsmeister zum S.S. Kom. Führer gegangen, wo er hat das sofort gemeldet. Der ist gleich zu mir gekommen, hat mir mit sich in die Garderobe geführt, wo ich habe dann 45 Schläge mit eine dicke schwarze Peitsche bekommen. Die dosige [diese] Portion werde ich nicht vergessen.

Erstmal war, die haben grosse Nachvolgen gehabt, und 2tens, weil das war das lezte Mal in K. L. Auschwitz, wo ich Schlege bekommen habe. Erausgeendig von der Garderobe habe ich in laufschrit gemusst zu meine Apteilung kommen und sich sofort zu der Arbeit nehmen, genau so die ganze Nacht arbeiten wie mit eine Nacht zurück, keinen von die Meister hat nicht interessirt, das ich känne auf die Beine nicht stehen, schon nicht sprechendig von Arbeit. Blos meine Arbeits Kameraden haben mich getrestet, zwischen die war auch mein L. Bruder Israel, welcher hat mir mitgefihlt und hat mir auch gewollt helfen, nicht geschaut darauf, das er hat doch auch den selben Abend 20 Schmitz [Peitschenhiebe] bekommen. Selbsverstendlich habe ich dazu nicht gelassen, und ich habe mich mit meine ganze Kreften angestrengt und geschaffen meine Norma. Und so ist auch der Frimorgen gekommen, auf welchen ich habe so ungeduldig gewartet. Nach dem wie die Tagschicht uns abgewekselt hat, sind wir von der Fabrik inaus und ins Lager marschirt.

Wan wir sind nur ins Lager gekommen, habe ich mir sofort gemeldet auf der H. K. B. (Häftling Kranken Bau). Dort hat man mich vor dem Lagerarzt vorgestellt. Ich habe im gezeigt die schwarze Zeichen von die Schlege, mit welche es war bedeckt mein ganzer Körper. Ich habe im auch erklert, das ich jezt nicht im Zustand bin, gleich wieder zu Arbeiten. Er hat das gut verstanden und hat mir ein Blockschonungs Zetell ausgestellt, im welchen er hat mich auf 4 Tage von der Arbeit befreit. Da ist wert zu merken, dass der Lagerarzt war schon nicht so streng wie immer und ich habe mit im gesprochen so wie mit einen Menschen. Das war die Reaction auf die schnell sich neerende Russische Truppen. Kommendig im Block hat sich mein L. Bruder Israel sehr erfreut mit dem 4 Tagigen Ruh, was habe ich bekommen. Aber leider habe ich nicht ganz den Blockschonung ausgenuzt. 2 Tage habe ich ausger., und das habe ich schon lange gebraucht, nur das war aber zu wenig nach so eine Portion Schlege, wie ich habe bekommen.

Und dan hett das passiert. Den 18. I. 45 ist gekommen ein Befehl: Semtliche Häft. packen sich eine Decke ein und machen sich fertig zu algemeiner Lager Evakuation. Ganz Schwarz ist mich geworen

für die Augen, wenn ich habe das gehert. Da ich gewusst habe, was evakuation bedeutet. Und das erste ist mich auf den Sin gekomme: Wieso werde ich kännen Marschieren? Kaum was ich auf die Beine stehe und dazu noch marschiren. Aber es war gar nich zum machen. Mein Freund Israel hat 2 Decken fertig gepackt, und wir waren vorbereitet zum abmarsch. 4 Uhr nachmittag ist gekommen die Reihe für unser Block. Einestelt in 5 Reihen haben wir den Lager verlassen. Um 8 Uhr Abends, dicht erumgeringelt [umstellt] von S.S. Postens, hat sich für uns angefangen der schwerer und peinliecher Ewakuirungs Marsch. Bis 8 Uhr haben wir gemusst warten, bis alle Häftlinge haben den Lager verlassen. Wan alles Drausen war, haben wir unter der Führung von einen S.S. O. St. angefangen den Marsch. Viele schwere Momenten habe ich durchgelebt in dieser Nacht. Marschirendig in der mite zwischen meine 2 Freunde Israel und Fidler habe ich verschidne Bilder gesehen vor meine Augen. Die ganze Umgegend war bedeckt mit Schne. Wo du hast nur dein Blick geworfwef, hast du nur weisen Schnee gesehen.
Nach einen 2 Stundendigen Marsch hat sich der Schnee bei mir in Gedank verendert in verschiedne Bilder. Ich habe schon nicht gesehen mehr kein Schnee durch den Fiber und durch die starke Schmerzen, mit welche ich habe gekämpft, ist der Schnee bei mir in Gedank verwandelt gewaren in Heuser, Stedte und Palasten. Ich habe für meine Augen gesehen ein Schenen weisen Zimmer mit saubere Betten. Und meine Freunde haben sich dort mit mir befandet. Wir haben sich gewaschen und gegesen, dan sind wir zu Bett gegangen. Wie angenehm es war der Schlaf. Dan weik [während] schon ligendig in Bett, habe ich gesehen die Gestalt von meiner Mutter. Sie ist zu mir zugekommen und küssendig mir ins Gesicht hat sie mir eine Gute Nacht gewünscht. Nachher ist im Zimmer auch mein Vater erein, und genau so wie die Mutti hat auch mein Vater eine gute Nacht gewünscht. Dan sind Sie beide eraus. Ich habe mich noch mit meine Freunde dan unterhalten. Von verschiedene Sachen haben wir noch dan geschprochen, und wir waren alle so zufrieden. Voll mit freude stralend waren die Gesichter vo meine Kam.
So marschirendig und denkendig habe ich mit einmal derhört die

Stimme von mein Freund Israel. Er hat mir mit ein ziternden und verzweivelte Stimme gefragt: Was ist dir? Fielstu sich schlecht? Hastu grosse Schmerzen? Und dan nach einen kurzen überreiss [Unterbruch] hat er mich mit Schnee reibendig das Gesicht angefangen zu tresten. «Sterk dich, halte dich, ich fühl dich mit, ich weiss, du hast grosse Schmerzen, ich verstehe, das es dir schwer zu marschiren ist. Aber doch musstu sich halten.» Und dan habe ich 2 grosse Trännen in seine Augen gemerkt. «Es ist möglich», hat er weiter gesprochen, «das noch vielleicht Heute werden schon hir die Russen sein. Wann nich Heute, dann Morgen. Und dan werde wir befreit werden, dan werden wir ausruhen und ausschlafen für die ganze schwere Zeit in maternischen [Mühen] und Pein in D. K. L. Wir werden dan andere Sachen bekommen, wir werden wider sauber sein und so aussehen wie mit 3 Jahre zurück.» Ansherendig diese Worte hat mir ein grosser Mitleid verklemt mein Herz. Dan habe ich meine Hand über sein Hals gelegt und habe zu im angefangen zu schprechen. Troz alle Schmerzen und troz dem, das ich mir so schlecht gefuhlt habe, habe ich doch mein Freund angefangen zu tresten. Ich habe im gesagt, das ich fühle mich gut, das ich habe schon bald vergessen an die Schlege, was ich habe mit 2 Tage zurück bekomen. Und dan sind wir wieder stil geblieben. Und so in schtilschweigen haben wir weiter marschirt. Keine Sache war erum zu sehen, nur Wiste [Einöde] und Nacht. Langsam sind für uns die Stunden vorbei, so schwer und Lang, wie sie wolten sich schon niemals beenden brauchen. Zum Glück war das eine schene und ruhige Nacht. Und von dem immeren marschiren haben wir überaupt keine Kälte gefühlt, nicht geschaut darauf, van wir waren so leicht angezogen. Kalt war nur uns in die Hände, auf welche wir haben keine Hanschue gehabt. Und so unter ruhigen Weter ist vorbei die erste 1/2 Nacht.

Aber um 1 Uhr hat sich das Weter sich angefangen zu enderen. Es hat angefangen zu blasen ein Starker Westen Wind mitbringendig mit sich Wolken, welche haben den ganzen Himmel bedeckt. Dan hat auch angefangen zu schneen. Wie mit Nadel hat uns der Snee ins Gesicht gestochen. Und dan ist uns auch kalt geworden. Der Wind ist ohne Mitleid ereingedrungen durch unsere Miese Sachen und hat gestochen und gezuft unser Haut und Knochen, welche sind uns noch übrig geblieben nach der langer Zeit deutschen K. L.

Und so wie die erste halbe Nacht war im algemein ruhig, so genau hat man in der 2ter Helft gekant merken, das alles sich zum bewegen angefangen hat. Man hat ganz deutlich gehört das schisen von die S.S., welche haben mit jeden Knal zugeraubt das Leben von einem Menschen. Das hat man geschossen die alte, welche sind von Hinten geblieben und haben mehr kein Kraft gehabt zum marschiren. Nach jeden Knal ist immer eine Weile ruhig geblieben, bis es hat wieder begonen. In zwischenzeit, wan das Gewer ruhig war, hat zu unser Horen [Ohren] dergangen [gelangt] das Fluchen von die S.S. Leute.

Schwer und mit viel Opfer ist für uns vorbei die 2te halbe Nacht. Ausgepeinigte und zerbrochne sind wir auf dem Frimorgen nach Bielitz angekommen, welcher war entfernt auf 28 km von Auschwitz. Marschirendig durch die Stadt haben wir dort getrofen auf die Strasen sizendig die Frauen von F. K. L. Auschwitz. Schrecklich war dieses Bild, wan ich habe die Frauen gesehen auf den Schnee sizendig, drickendig sich eine zu der zweiten, das es soll sie etwas warmer sein. Ich habe die zugeschaut und ich habe die bedauert. Nach eine halbe Stunde sind wir von der Stadt eraus. Wir haben gedenkt, das wir werden dort auch ruhen können, aber wir haben sich entauscht. Jezt um 10 Uhr Morgens sind wir nach einem Dorf gekommen, wo wir haben bis 5 Uhr Abend ausgerut. Wir haben auch etwas gegesen, nutzendig von dem verlegungs Proviant, welchen wir haben in Auschwitz vor dem erausmarschiren bekommen. Um 5 Uhr haben wir angetreten und, nachdem wie unser Zugsführer hat uns durchgezelt, hat sich unser Marsch aufs neu angefangen.

Kein speziele Sachen hat in der zweiter Nacht nicht passiert. Das einzige, was es hat sich gesterkt, war die Zahl von Opfern. Das ist nicht zum glauben, wifiel Mänschen es sind jene Nacht umgekommen. Nur mit Blut und Leichen war bedeckt die Strasse, welche wir haben vorbeimarschirt. Wiefiel arme Häft. sind in dieser Nacht umgekommen. Menschen, welche haben nicht ein Jahr in D. K. L. verbracht, kemfendig mit die schwere Lager bedingungen. Und jezt in die lezte Momenten von Krieg hat man von die dass Leben vekgeraubt.

Eine sehr schwere und peinlich Nacht war das. Aber meine 2 Freunde und ich haben beschlossen, sich nicht zum untergeben. Mit die lezte Kreften haben wir nach vorne gestürzt, derweiterndig [entfernend] sich von der Knalere [Knallerei], welche hat sich zu uns von hinten dertragen [erreicht]. Ungefehr 11 Uhr vor Mittelnacht ist über uns vorbeigeflogen eine Gruppe von Russische Bomber in der Begleitung von Jeger und aufklerer. In einige Momenten speter haben wir gekannt sehen Racketen, welche haben beleuchten die ganze Umgegend. Nach den sind die Bomben gekomm, die sind erunter geschmisen geworden durch den Kreis, welchen es haben bezeichnet die aufkleren. Es hat sich auch zu uns dertragen das Senit Artilerie Feuer [Fliegerabwehrfeuer]. Nicht lange hat das alles gedauert, habendig ausführt sehere Aufgabe hat sich die Abteilung R. Flugzeuge mit triumpf zu ihre F. Plätzen zurückgekert.

Voll mit Freude und Hoffnung haben geschlagen unsere Herzer, inaufschauendig zu die vorbeifliegende Flugzeuge. Wir haben nur bedauert, dass sie in die Luft sind und so hoch über uns. Wir haben alle gern gewolt die unten auf die Erde sehen, bei die hätten wir schon mehr keine Häft. gewesen, sondern Freie Menschen. Nach anflug ist wieder alles ruhig geworden, das Motoren gerausch, dies schiserei von der Senitartilerie [Fliegerabwehr] und das Krachen von die aufreisende Bomben. Nur bei uns ist die schisserei von die S.S. nicht ruhiger geworden. Die waren nicht Müde, zur jede Zeit hat man gekant hören das bschennen [Pfeifen] von die Kugeln, welche sind durch die S.S. ohne mitleid geschickt geworden in der Massen inein bringendig zwischen uns Tod und verzweiflung.

Und so mehr weniger kant ihr sich vorstelen, wiso es hat ausgesehen der Ewakuation Marsh von Auschwitz. Und so marschirendig sind wir angekommen zum Bahnhof vo Lestau. Dort sind wir aufgeschtigen auf Last-wagongs, mit welche wir sind direkt nach den K. L. Gross-Rossen gefahren. G. R. ist bekant als sehr schlechter Lager, er hat sogar geheisen Straf-Lager. Er war auch bekant mit der schwerer Arbeit bei Steinbruch, wo die Häftlinge haben gearbeitet. 2 Tage und 3 Nächte sind wir auf die Wagongs gesesen nicht bekommendig kein Schlug Wasser und kein Stückchen Brot. Auf den driten Tag vormittag sind wir angekommen zu der Banhof von Gross-Rossen. Schnell austeigendig und aufgestellt in 5 Reihen haben wir abgemarschirt zum Lager.

Nach ein 15 Minutigen Marsch sind wir angekommen zu die Toren von Lager, wo es haben schon auf uns gewartet der Lagerführer, Blockführer und andere S.S. Nach dem wie sie haben uns genau durch gezehlt, sind wir ins Lager erein. Dort haben auch schon gewartet der Lagerälteste und viele Blockälteste. Ohne weitere Ceremonies haben sie uns in die Blöcke abgeführt. Die Blöcke wo man hat uns zugeteilt, haben sich befandet ungefehr 200–300 m. von Stam Lager. Und die waren bis unser ankomen durch keinem bewohnt. Lange Holz Baracken waren das, in viele hat man gekant merken, das vor unser ankom waren sie mit Zement belegt. Ungefehr zu 1300–1500 Mann sind wir zu einem Block zugeteilt geworen. Schrecklich eng war dort für so eine Masse zum schlafen. Zum stehen dan hat man noch gekant aushalten. Und bei solche bedingen, ohne bischen Stro unter dem Kopf, die Schue sogar nich ausziehendig, habe ich dort verbracht 2 Wochen.

Unser Glück war, das wir sind zu keine Arbeit gegangen. Der einziger Zeit vertreib waren für uns die Apeln. 3 Mal im Tag hat man uns gezehlt. 1 mal 5 Uhr, 2 mal 12 Uhr und dem 3ten mal 6.30 . Jeder Apel hat gedauert ca von 2 bis 3 Stunden. Der Grund davon war, das es waren jeden Tag soviel Tode, das man hat die überaupt nicht gekant zählen. Viel von die Leichen hat man im Waschraum gekant trefen oider in die Toaletten, und so, das man hat nicht gewust, zu welche Block die gehören.

Und jezt wegen der Vervlegung: 200 gr Brott täglich und 12 Uhr in die Nacht ein Liter Soupe, welcher war blos Wasser. Die Ursache, über welche wir haben das Mittagessen in die Nacht bekommen, war die, das die Küche zu klein war zum Kochen für soviele Tausenden von Menschen. So das ein Teil hat am Tag das Essen bekommen und wir in die Nacht.

Schreckliche 2 Wochen waren dass. Viel sehr viel Menschen sind dort ums Leben gekommen, man hat sogar gesprochen, das das kleine Krem. von K. L. G. R. hat in der Zeit von sein ganzer Existenz nicht verbrand soviel Leute wie in die lezten 2 Wochen. Gleich auf den 2ten Tag ist von uns ein Transport von 1500 Juden nach Sacksenhausen weg. Umg. am 14 Tag hat etwas passiert.

Abends ist zu uns der Arbeitsdienstführer gekommen mit ein paar Häft., welche haben beim Arbeitsdienst gearbeitet. Und die haben eine Liste gemacht von Schlosser fachmänner; Dreher, Freser, welche haben gesolt mit einem Transport in eine Munition Fabrik kommen zum arbeiten. Ich und meine 2 Freunde sind auch dan aufgeschrieben geworden. Wir waren Froh denkendig, das wann wir werden irgendwo arbeiten, dan werden die Bedingungen etwas beser werden. Wenigstens werden wir doch ein Platz zum Schlafen haben, wo man wird die Beine ausstrecken können. Weil da in G. R. sind, wird geschlafen sitzendig zulib den Mangel in Platz. Und mit solche Gedanken hoffendig auf etwas besser sind wir eingeschlafen.

Zu morgen Früh nach dem ersten Apel haben wir sich mit verschidne bekante und Kameraden gesegnet [verabschiedet] und den Lager verlassen. Nach einen 5 Stunden Marsch sind wir angekommen zu die Tohren von dem kleiner K. L. Bolkenheim, welcher war entfernt von G. R. auf 20 km. Auf 3 km abschtand fand von den Lager hat sich befanden eine Flugzeug Motoren Fabrik, in welcher wir haben gesolt arbeiten. Sehr schlech war die Aufnahme für uns in den kleinen Lager. Ich habe mich dan erenert an die Momenten von II-43, es haben sich mir dermondt [erinnert] an den Zigeuner Lager in K. L. Birkenau. Und nicht geschaut auf dem, was jezt ist schon 45 und was für ein Politischer Unterschied es ist, vorkekommen in die 2 Jahre, weiss doch jeder Mensch. Es reicht nur zum erinern, das in 43 waren die Deutschen ganz tief in der Russischer Teritorie ereingedrungen. Und jetzt? Wo befanden sie sich jetzt? Die sind vertriben geworden von der Russ. Teritorie, auch von der Polnische, und in viele Horte sind die Russen schon die Deutsch-Polnische Grenze überschriten. Und nicht geschaut auf den alem, hat man sich mit uns fatal begangen. Der L. Ä. [Lagerälteste], ein B. V.ouer [Berufsverbrecher], hat geschlagen und vernichtet die Mänschen ohne Mitleid. Aber zum Glück sind wir dort nicht lange geblieben.

In die Nächte hat man gekont gehören das weite Knalen von der Artilerie. Und jedes mal bei diese Klangen hat sich in uns derweckt die Hoffnung. Vielleicht werden wir doch Glück haben, vielleicht werden die Russer uns erumringlen [umstellen]. Und jeden Abend beim schlafen gehn haben wir gedenkt und gehofft, vielleicht Morgen Früh beim aufstehn werden schon da die Russen sein. Und auch hir haben wir kein Glück gehabt. Die Russen waren noch nicht da, und wir haben sich schon vorbereitet zu weitere Evakuirung.

Dem letzten Abend vor dem erausmarsch ist bei uns vorgekommen eine Selection. Ungefehr 1/4 von Lager Bestand ist dan abgeklieben [ausgesondert] geworden. Den selben Abend hat man von die noch das Leben weggeraubt mit der Hilfe von Einspritzungen. Noch warm waren die Leichen, wann man hat die von Lager erausgetragen und in die schon vor am Tag vorbereitete Greber vergraben. Zum verbrenen die Leichen haben die Banditen schon keine Zeit gehabt. Eine schreckliche Nacht war das. Zusamen mit noch 19 Kam. haben wir die Leichen von Block erausgetragen, und in die Graben behalten. Zusamen mit mir hat auch gearbeitet mein Freund Israel, mit welchen ich habe mich auf kein 1 Moment nicht gekannt trännen.

Wann der Tag hat erwacht und die Arbeit war beendet, sind wir auf ein paar Stunden schlafen gegangen. Bis 12 Uhr sind wir geschlafen, dan haben wir Mittag gegessen, und um 1 Uhr haben wir in 5 Reihen den Lager verlassen.

Das war umg. erum den 15-II-1945. Ein wunderschönen Tag war dass. Die Sone hat ihre Stralen zu uns erabgeschickt wollendig derwarmen unsere kranke ausgemagerte Körper, sie wollte uns auch gleichzeitig erwecken die Hoffnung und den Mut nicht zu verlieren. Ein Mensch, was hat das nicht mitgemacht, kan sich das nicht vorstelen, wiso es wirken die schöne warme Sonnen Strahlen auf ein Schwachen zum Tod verurteilten Häft. Mit was für ein Gefühl er schaut auf alles erum, wan er denkt, das er muss verlassen diese schöne Welt.

Wie schrecklich dass ist. Und so gehendig ein Müder, ausgehungerter und zerbrochner Häft. habe ich angefangen zu denken. Ich habe mich erinert an meine Kinder-Jahre. In so ein schönem, voll

Sonnigen Winter Tag flegte ich zusamen mit meine Kameraden Ski fahren oder Ocke [Hockey] auf den Eis spielen. Und dan wiso ich bin nach Hause gekommen und ein erfrorener ereinlafen in die Schöne saubere Zimmer, wo ich habe auf meine liebe Eltern angetrofen, wo es war meine liebe schwester und mein kleiner lieber Bruderchen. Wie angenehm es war dan, zu verbrengen die Abende bei schönes Musik von Radio. Ich habe mich auch dermont [erinnert], wiviel mal vor den schlafen gehn flegt sich meine Mutti insezen neben meine Bett und mich etwas vorlesen. Viel mal hat Sie mir auch erzählt von ihr vergangenheit. Von dem ersten Weltkrieg, welche Sie hat durchgemacht. Sie war dan auch noch ein Kind. Mit wiviel Interess ich habe mich zugehört zu ihre Worte, und wan Sie flegt einmal überreisen [unterbrechen] ihre Erzählung, dan flegte ich Sie bitten: «Erzehl bitte weiter, liebe Mutti, erzehl doch.» und dan flegt Sie mir weiter erzählen. Viel mal flegt Sie überreisse ihr erzehlen beschitendig [bedeckend] mein Gesicht mit heise Mutterliche Küsse. Und wo ist Sie jetzt meine liebe Mama? Schon 2 Jahre sind vorbei, wie meine Mama Tod ist. Auch mein Vater und meine Geschwister Leben nicht mehr. Auch mein Schule Freund Janowicz Wolf, mit welchen ich bin zusamen nach Auschwitz gekommen, lebt schon nicht.

Und eine benkschaft [Sehnsucht] hat verdrückt mein Herz. Ich habe das Gefühl gehabt, dass ich fange an zum weinen. Aber in meine Augen waren keine Trännen. Nein: Ich kan schon nicht mehr weinen, Aber den Gefühl von weinen habe ich gehabt. Ich habe gefühlt, wie die Tränen fliessen von mein Herz, ja sie fliesen, aber kein Mensch kann sie nicht sehen. Und schrecklich traurig war mich, ich habe schrecklichen Heimweh bekommen. Und mit diese Gedanken habe ich weiter marschirt.

Unterwegs haben wir angetrofen auf verschiedne Militer Transp. Einige sind in der Richtung nach Osten gefahren, die andere nach Westen. Dan ist langsam zugefahlen die Nacht. Stehendig haben wir verbracht diese Nacht in einer Bauer Scheune. Und wan die Sonne hat sich wieder gezeigt, haben wir weiter marschirt. Vor der rausmarschiren haben wir noch vergraben einige Kam., welche sind in verlauf von der Nacht derschtickt gworen [erstickt].

Der 2ter Tag war schon nicht so schön. Es hat angefangen zu trop-
fen ein Regen. Voll mit Wolken war der Himmel. Umetig [schwer-
mütig] und trauerig haben ausgesehn die Felder, vor welche wir
sind vorbei. Genau wie auf das Herz, genau so war auch Drausen.
Ein schwerer Tag war das, auch er hat fül Opfer gebracht.
Nase [durchnässt] und zerbrochne, Müde und hungrige sind wir
in die spete Abendstunden nach K. L. Hirschberg angekommen.
Wan das zehlen und das Block verteilen zu ende war, haben wir
sich Müde ingeschmissen auf die Holzbetten, welche haben sich
befandet in nicht beheizte Baracken. Und so haben wir die Nacht
verbracht. Zumorgens sind wir zum Apel inaus, welcher war gleichzeitig eine Selection für uns. 95 Mäner hat man dan von uns aus-
gesucht und vernichtet. Dan nach dieser Selection sind wir in die
Blöcke gegangen etwas zum ausruhen. Um 6 Uhr Abend war wieder ein Apel, welcher hat paar Stunden gedauert. Die gresserer
Teil von der Zeit haben wir mit Sport machen verbracht. Das Sport
haben wir gemacht, über den das [weil] es hat nicht gut geklapt
bei uns das «Mitzen auf» und «Mitzen ab» zu machen.
Aber zu unser Glück sind wir auch in K. L. Hirschberg nicht lange
geblieben. Nach ca. eine Woche haben wir sich wieder genomen
zum marschieren, zusamen mit uns hat sich auch evakuirt der
ganzer Lager, d. h. die alte Häft. von K. L. Hirschberg. Und dieser
evakuation Marsch war für uns der schwerster. Erstmal was wir
haben gemusst ziehen mit sich voll verladene Wagen, auf welche
es waren Sachen von die S.S. Leute. Zweitens das wir haben mit
diesen Marsch durchgegangen durch die Riesengebirge, welche
dergehen bis 600 m. Für uns Häft. war das schrecklich schwer zu
ziehen die voll verladene Wagens über die Berge. Mit die letzte
Kreften habe ich dan marschiert. Unterwegs sind wir auch durch
verschidne Städte vorbei. Vorbeimarschirendig durch die Strassen
hat man gekannt sehen, wiso es sieht aus dass zivilleben. Da nicht
weit auf links gehen Menschen, es fahren Wagens, es eksistirt eine
breite freie Welt. Und uns hat man sogar verboten, auf die sich zu
umschauen.
Und so langsam unter viele Schmerzen ist vorbei der erster Tag.
Die Nacht, welche hat sich bei uns angefangen um 11 Uhr, haben

wir verbracht in eine Sägewerck. Es wart dort so eng, dass zum sich insezen war auch kein Platz. Dem 2ten Tag war wieder dass selbe. Wer es hat keine Kreften mehr gehabt, den hat man geschosen. Ich z. b. habe gefühlt, dass die lezte Kreften haben mir schon lengst verlasen. Ich habe marschirt nur mit der Kraft von meine Nerven.

Traurig war mir aufs Herz, wan ich habe überlegt, dass jezt in die lezte Momenten von Krieg muss ich umkommen, jezt, wan die Russen schon bei Breslau stehen und die Anglo-Amerikanische Truppen sind so weit auf der D. Teritorie eringedrungen. Ich habe im Gedank ein Überblick gemacht von die schwere Zeiten in Lager, von die schreckliche und traurige Momenten, welche ich habe im D. K. L. mitgemacht. Und jezt in den Moment, wan der Hitlerism zur Grunde geht, indem Moment, wo viele Völker sind schon frei geworden von den Nazi Regiem, müssen wir umkommen. Nein und nochmal nein, ich will noch Leben. Wie schrecklich dass ist, hier ums Leben zu kommen, von ein S.S. Mann erschosen zu werden und unten bei der Strase im Schnee eruntergeschmiesen zu werden.

Und dan am Frühling, wan der Schnee wird in Wasser verwandelt werden, sollen meine Knochen für Hunde oder Vogel als Schpeise dinen. Nein, ich will noch Leben, ich mechte noch einmal, wenn der Krieg zu ende sein wird, nach meine Heimatstadt ungericht [unerwartet] kommen, und meine Feinde, welche denken, das ich schon lengst Tod bin, zeigen, das ich noch lebe. Dass ich noch fehig bin zum Rache nehmen für ihre prowokatorische Taten. Und so habe ich weiter marschirt.

Nach einen 4 Tagigen Marsch sind wir in die Nacht auf den 1 März angekommen zum K. L. Reichenau. Dort haben wir ausgerut paar Stunden, und Frimorgens sind wir zu den Banhof weg. Auf den Banhof hat schon auf uns ein Lastzug gewartet mit ofne Wagongs, dort sind wir gleich eingeschtiegen. Das war am 1 März 1945. Das war ungefehr 10 Uhr frieh, wan der Zug hat gerirt [sich in Bewegung gesetzt]. Dem ersten Tag war noch mit dem durst und mit den Hunger zum aushalten, aber dem 2ten Tag, wenn wir haben nicht zum essen und zum Trinken bekommen, dan war schon etwas trauriger. Die Lippe sind ganz schwer geworden, erstmal von durst, 2tens von den Kohlen Staub, weil die Wagons von Kohle waren. Wan die 2te Nacht ist gekommen, hat man schon gekannt finden in unsere Waggong einige Tote. Eine sehr schwere Nacht war dass, mit solche drei Sachen wie Hunger, Kelte und Durst war sehr schwer zum kempfen.

Und so sizendig zwischen meine 2 Fr. habe ich gefühlt, wie es wird mich auf einmal schlecht. Meine Freunde, welche haben das gemerkt, haben mich angefangen zum zupen und schlagen, und dass hat etwas geholfen. Es ist mir bisschen besser geworden. Dan haben wir noch mit die Freunde sich bischen unterhalten, und dan bin ich sitzendig eingeschlafen. An verschiedne Sachen habe ich getraumt. Aber das schrecklichste war, wan ich habe getraumt von ein vollen Heimen mit saubern Wasser, und meine Freunde zusamen mit mich drinken davon.

Wan ich bin aufgestanden, war schon die Sonne ganz hoch. Ein wunder schöner Tag war das. Ich habe versucht, sich zum aufstehen, aber das war nicht so leicht. Nachher bin ich doch aufgestanden und habe inausgeschaut Drausen. Meine Freunde sind auch aufgestanden, und bei die ging das auch ganz schwer zum aufstehen. Und so stehendig alle drei, haltendig sich an den Rand von Wagong, dass wir nicht umkippen sollen, hat einer dan von uns gesagt. Schau wie schön es ist drausen, schaut mal, wie schön der Schnee blanckt unter die Sonnenstralen. Werden wir noch wan betreten lebenderheid diesen Boden? Werden wir noch mit unsere Kreften von diese Wagongs aussteigen, oder wird man uns inuntertragen in dem aussehen von Leichen.

Viel mal, wan wir sind vorbei eine Station vorbeigefahren, hat man von den ganzen Zug gekant hören: Wasser! Wasser! Hilft uns. Wasser! Wasser! Ich habe kein einmal so nicht gerufen, weil ich habe gewusst, dass keine Zivilperson wird nicht wagen für Häft. (Verbrecher, Banditen) Wasser zu bringen. Ich kann auch nicht sagen, das die Kam. meine haben dass gemacht mit dem Gedank, dass sie werden Wasser bekommen. Nein! dass war etwas anderes, mit diesen rufen haben sie den Gedank von dem schrecklichen Durst bischen derweitert, dass war eine ausladung von sehr ganzer verbiterung, von sehere schwere leiden. Und wann die Müde gewarden sind und haben sich auf den Boden inuntergelassen, dan hat man noch immer gekannt hören seher ruffen: Wasser, Wasser, nicht gekuckt darauf, dass keiner von Drausen hat das nicht gekannt hören. Und dass war sehr schlecht, mit diesen rufen haben sie ihre ganze Kraft verloren. Und einen nach den ander sind sie auf dem schwarzen Boden von Wagong umgekommen, mit die Worte Wasser auf die Lippen.

Ich habe auch gesehen, wiso ein 13 oder 14 Jähriger Junge ist bei uns in Wagong umgekommen. Zuerst ist er mit dem Gesicht auf dem Boden gefallen rufendig immer Wasser! Wasser! Dan hat er sich schrecklich angefangen zu schleudern, reisendig mit seine kleine schwache Hände den schwarzen Boden von Wagong. Es hat ausgesehen, wie er dort gedenkt hat Wasser zu finden. Und nacher, wan er etwas ruhiger geworden ist, hat er etwas angefangen zu sprechen. Aber nicht alles habe ich verstanden. Ich habe nur verstanden sein rufen: Mutti liebe Mutti, hielf mich, und dan ist er ganz ruhig geworden. Er hat keine Kreften mehr gehabt. Und so ist er gestorben. Dass war dem 4 Tag.

Noch 3 Tage sind wir dan noch gefahren. Und den 7 März 1945 sind wir zu den Banhof von K. L. Buchenwald angekommen. Wann man hat die Wagon aufgemacht, hat sich gezeigt, das es waren von unser Transp. 60% Toden, ca. 35% halb Tod, und nur ein kleiner Teil hat gekant mit die eigene Kreften ins Lager marschiren. Der grester Teil von die 35% hat abgefroren Beine gehabt, oder Lungerentzindung. Wan man hat uns mit die kleine Wagen von Roten Kreuz zum baden gebracht und zur disenfektion sind noch unterwegs viele von uns umgekommen.

Nach der Bad haben wir zum essen bekomen. Ich erine mich, wiso das essen verteilen hat dan ausgesehen. In eine Reihe sind wir von einem Zimmer in den 2ten inein, wo wir haben bei der Türe unsere vervlegung bekommen, und zwar ein Stück Brot und Soupe. Wenn ich habe mich schon in den 2ten Raum befandet und wann ich habe mich schon ingesezt zum essen, habe ich nicht gewusst, wiso das zu anfangen. Nach dem 7 Tagigen Test [Fasten] habe ich nicht gewusst, wiso mann ist. Von essen das Brot war überhaupt keine rede. Den ersten Bis Brott, was ich habe getan, habe ich so lange in Mund gehalten, bis ich habe in nicht zurück ausschpuck, nicht kannendig in inunterschlucken. Das einzige, was ich gegesen habe, war die Soupe. Welche war so dien, dass ich habe sie getrunken so wie Wasser. So erum habe ich bischen meinen Durst geschtilt.

Ich muss noch hir bemerken, dass die Aufnahme in K. L. B. war sehr anstendig. Anstadt zum schlagen die Häft., wenn die haben keine Kreften gehabt zum aufstehen oder zum gehen, hat uns noch die Hand gereicht zum helfen. So die Blockälteste, Lagerschutz und Lager Kom. haben sich sehr gut mit uns begangen. Nicht so wie die B. V. [Berufsverbrecher], mit welche wir waren bis jezt. Die, mit welche wir waren bis jezt, haben ohne welchen Mitleid zu uns geschlagen uns und vernichtet uns. Einer von die Lagerschutz hat uns auch derklert, das K. L. B. ist kein Lager so wie Auschwitz. Buchenwald das ist ein Lager von politische Häft., und polit. Häft. giben sich die Mühe, einer den 2ten zu helfen und nicht zum vernichten.

Ich habe mich sehr erfreut mit den, dass jezt in den Moment, in welchen wir stehen kaum auf unsere Beine, haben wir angetrofen auf richtige Kam., auf politisch. Häft., welche nicht geschaut auf dem, was die dem Name Blockältester oder L. Schutz tragen, sind sie doch Kam., sind sich doch Brüder und geben sich die Mühe, zu helfen uns. Die haben uns auch gleich gefragt, wiso es war die Bezihung von unse Capos und Blockälteste zu uns. Selbstverstendlich, das die Antwort war eine negative. Dan haben sie alle Capos und Blockälteste von uns inaustreten lassen. Nach einen kurzer Gericht, in welchen wir haben den Urteil erausgebracht, haben die auf der Stelle bezahlt für die Taten und für die alle Menschen, welche die haben umgebracht. Wir Häft. von K. L. Auschwitz haben dass zugeschaut und gestaunt. Wir haben nur bedauert, dass unser L. Ä. von K. L. Bolkenheim und von Hirschberg sind in K. L. Reichenau geblieben. Auf solche Merder hat man da gewartet, da hetten sie sofort bezahlt für ihre alle Taten, für der unzehlbarer Zahl von Menschen, welche sind durch die ums Leben gekommen.

Ich habe mich vorgestelt etwas enlichen in K. L. Auschwitz. Wan dort hätte zu so etwas gekommen, hätte man sofort alle vergast. Ich erinere mich an dem, wie wir haben einmal ein Capo von Auschwitz eine Decke auf den Kopf angezogen, dan haben wir den anderen Tag, d. h. unser ganze Kom., Sport gemacht. Und wenn wir haben den Platz verlassen, war er ganz rot von Blut, und ins Lager haben wir paar zendlig [zehn] Tote Kam. mitgebracht, die haben die S.S. ermordet auf den Platz.

Wir als starke Musulmänner [d. h. stark abgemagert] haben sich sehr gefreut, dass wir jetzt im K. L. Buchenwald ausgelandet haben, weil in einem anderen Lager hätte man uns lengst vernichtet. Wir haben auch bedauert unsere Kameraden, welche sind in verlauf von die letzte 7 Tage auf die Wagons umgekommen. Und so ist durch für uns die erste Nacht in K. L. Buchenwald, welche hat in mir viel Hoffnung erweckt. Nicht geschaut darauf, dass ich war schon dreiviertel Tod. Das erste, was ich habe gehabt, das war eine kleine vereiterte Wunde auf meinem linken Bein, welche ich habe bekommen von ein S.S. Kugel in der Nacht von der 1 März vor die Toren von Konzentrationslager Reichenau. Das zweite waren beide so abgefrorene Füsse, die mit grossen Frostblasen bedeckt waren. Wenn die Blasen haben sich geöffnet, habe ich furchtbare Schmerzen gelitten. In einem sehr schlechten Zustand war ich damals. Ich konnte kaum auf meine Beine stehen.

Am morgen hat man die marschfähige ins kleinen Lager abgeführt auf dem Block 51. Später hat man uns mit kleinen Handwagen auch auf den selben Block gebracht. Wegen Platzmangel konnten wir nicht ins Krankenbau aufgenommen werden. Im Block 51 haben wir die sogenannte Krankenboxe gehabt und herzlichen Aufsicht. Jeden dritten Tag ist zu uns die Sanitätergruppe gekommen, welche hat uns die Wunden neu verbunden. Vier Tage hab ich dort gelegen, auf die helzerne Boxe mit eine Decke zugedeckt. Unmöglich war dort zu Schlafen. Erstens wegen die grossen Schmerzen und zweiten durch den Jammer der leidenden und sterbenden Kameraden.

Jeden Tag hat man eine Menge von Leichen von dem Block herausgetragen. In den selben Block, nur auf den gesunde Abteilung war mein Freund Israel, welcher hat mir jeden Tag political news erzählt. Am dem fünften Tag hat man die Kranke von Bl. 51 zum Bl. 57 versetzt. In den selben Tag hat ich meinen Freund zum letzten mal gesehen. Morgens hat er mit einem Transport «Schwalbe» Buchenwald verlassen. Zwei Tage vor der Ankunft der Amerikaner war er noch einmal im Lager, aber wir haben uns nicht mehr getroffen.

Im Block 57 war ich bis zum Ankunft der ersten amerikanischen Panzer. Schwere Stunden habe ich dort erlebt. In der Boxe liegend hab ich an verschiedene Sachen gedacht. Ich erinnere mich an die Zeiten, wann ich mit Izraol zusammen einen gefallenen Kameraden bedauerte, und nun bedauerte ich ihm. Ist das möglich, dass jetzt nach 3 Jahren, die er in Auschwitz verbracht hat, ist er hier K. L. Buchenwald, der im vergleich mit Auschwitz ein Paradies war, ums Leben gekommen.

Und so liegend hab ich mir ein Übersicht von meine Leben in K. L. Auschwitz und alles, was ich seit den 18 Januar bis 7 März unterwegs mitgemacht habe. Und so ist die Zeit langsam vorbeigegangen. Jeden Tag hat man von unserem Revierblock die Leichen von 15–20 toten Kameraden herausgebracht. Meine Wunden sind auch nicht besser geworden, im Gegenteil sind sie immer schlechter geworden. Schreckliche Schmerzen habe ich gehabt. Besonder beim Verbandwechsel, wen der Sanitäter mit seinen chirurgischen Instrumenten hat die vereiterte Knochen gereinigt. Damit hat er verhütet das weiter faulen von Knochen. Ich habe das genau bemerkt, dass meine Füsse von Tag zu Tag schlimmer werden. Das war kein Wunder, weil bei diesem Zustand und bei dieser Pflege war es unmöglich, dass die Wunden geheilt werden. Ich wollte aber daran nicht denken. Aber die Gedanken sind immer wieder zurückgekommen.

Vielmals die Leiden von meinen Kameraden sehend habe ich gedacht: Morgen vielleicht wird kein Spur von mir sein, morgen werde ich vielleicht dort sein, wo befindet sich Nichts. Mein Körper wird sein kalt, und der Wind wird tragen und zerstreuen meine Asche, der Rest meiner Knochen wird mit der Erde vermischt. Es ist doch schrecklich, wenn der Mensch weiss nicht, was mit ihm Morgen passiert. Ich weiss, dass nach meinem sterben werden bleiben

Menschen, ich weiss, dass die Welt wird bleiben wie bis jetzt, trotzdem dass jede Stunde kommen auf verschiedene Art so viele Menschen ums Leben. Ich war immer bereit zum sterben und niemals Angst vor dem gehabt. Ich weiss, dass wenn meine Boxe dann leer sein wird, warten auf den Platz zehn andere Kameraden. Warum habe ich das bis jetzt so gut verstanden, und ich war immer so gleichgiltig. Ja, ich habe gewolt leben, ich habe gekemft für meinen Leben, aber für den Tod habe ich keine Hangst gehabt. Ich habe jetzt auch keine Hangst, aber ich will leben, ich habe keine Lust, jetzt zu verlasen die Welt.

Es war schon ganz schpet, ins Lager war schon alles ruhig, nur bei uns in Revir hat sich von verschidene Seiten geneert das Jamern von die kranke Kam. Mit grosse Mühe bin ich von der Box inunter und zum Fenster zugekletert. Schön war Drausen. Schnell haben ich geatmet mit die frische Frühlings Luft, welche ist auch hier ereingedrungen in die Finstere Strassen von K. L. Buchenwald. Und so schauendig erum habe ich mir erinert an meine Kinder Jahre. Ich habe mich erinert an einem Dorf, wo ich flege immer mit dem Velo lieb haben zu fahren. Ich habe gesehen vor mir die grosse breite Felder, welche waren voll bedeckt mit verschiedene Getreide. Ich habe mich erinert an den villmal geherter Klang von ein Dorfischen Instrument (Fujarka). Ich habe gesehen vor mich die schöne kleine Frilings Fögelchen, welche haben so wunderschön gesungen. Ich habe mich erinert an meine Schulkameraden, mit welche ich habe viele solche Abende verbracht. In diese Abende habe ich mir so aufrichtig und von tiefen Herzen gefreut. Und jetzt, jetzt stehe ich da in Fenster und denke das, das ist mein lezter Abend, der letzter mal, was ich sehe den Himmel und die Sterne. Die selbe gute Frühlingsluft war das. Der selber Himmel, und warum muss ich das jezt verlassen? warum muss ich mir scheiden mit dieser schöner Frühlings Welt.

Und dan bin ich noch so lange gestanden inaufschauendig zum Himmel, zu die Sterne und habe bewundert die schöne von der Nacht. Und jetzt genau so wie immer, wann ich war nehe zum Tod, hat mir ein schrecklicher Lebenslust beherrscht. Nein ich wil nicht sterben. Ich muss leben, ich muss. Und dass hat mir viel geholfen, nur mit solchen Lust zum Leben hat man dass alles durch-halten gekant. Steendig habe ich noch gedenkt, das mit demselben Tod, auf welchen ich warte jetzt, sind viele Kam. umgekommen, da in die finstere Baracken von D. K. L., nicht ich bin der erster und auch nicht der letzter. Aber dass war für mich kein Treist, ich wolte nicht sterben.

Anstrengendig sich mit die lezte Kreften bin ich wieder mit mein Klucken [Holzschuhe] zu mein Schlaf Box gekommen. Vorsichtig habe ich die Klucken bei der Seite ingestelt, gebendig sich die Mühe nicht zu aufwecken meine Kam. Mein Kam. von Not, welche sind jetzt nach den ganzen schweren Tag von Hunger und Schmerzen eingeschlafen. Ich habe dan kein Hunger gehabt, trotz dem das wir haben so wenig zum Essen bekommen, und zwar 200 Gr. Brot Täglich und 1 Liter Soupe. Dass haben wir auf einmal bekommen, und bis den nechsten mal haben wir 24 St. gemusst warten. Wenn ich habe mich schon ingelegt, habe ich mich die Mühe gegeben, nicht mehr zu denken. Ich wollte vertreiben von mir die schlechte Gedanken, und so bin ich eingeschlafen.

Ein schrecklicher Schlaf war das. Ich habe von vieles getraumt, aber ich wusste nich genau von was. Wann ich bin aufgestanden, habe ich nur gewusst, das ich von etwas schlechtes getraumt habe. Das alles, was ich der Nacht gesehen habe, war ein Produckt von die Schmerzen, von den Fieber und von die schlechte Gedanken, welche haben mir erumgeringelt [umgeben]. Und mit dass alles habe ich gemusst kempfen. Und so ein Kampf war nicht so leicht, ich habe aber gut verstanden, dass von diesen Kampf ist abhengik meine Zukunft. Ich brauch nicht an den Tod denken. Ich muss denken an dem, das die Anglo-Amerikanische Truppen werden hir in die naechste Tagen sein. Und vielleicht werden wir Glück haben, mit das Leben davon zu erauskommen. Dan werden wir frei sein, wir werden ausruhen und sich erholen nach der schwer Zeit in D. K. Lagern. Wir werden einmal wieder in ein sauberes Bett schlafen können. Dan werden wir auch bekommen die richtige medizinische Hilfe, welche wir brauchen jetzt so netig. Und wie gut wird dan sein, wie zufrieden und glücklich werden wir sein. Aber diese gute Gedanken sind nicht lange geblieben mit mir.

Das war dem 6. 4. ungefehr 8 Uhr Abend ist ein Befehl von der Blockführer Stube gekommen, semtliche Juden antreten. Der schreckliche Befehl, welchen ich habe schon seit Januar nicht mehr gehört. Da in K. L. Buchenwald hat man in die letzte Zeiten überhaupt nicht gemerkt keinen Unterschied zwischen die Naz. [Nationalitäten]. Und jetzt in den Moment kommt der schr. Befehl, semtliche Juden auf dem Apel Platz antreten. Ich hab sofort verstanden, was dass bedeutet. Jetzt in den letzten Moment haben sie noch gewolt umbringen den kleinen Rest Juden, wer ist noch im Lager geblieben. Kein Mensch kann sich dass nicht vorstellen die Panik, was hat sich dan geschaffen in Lager. Ein gewisser Teil hat sich versteckt zwischen die nicht Juden, der 2ter Teil ist zu uns ins kleine Lager gekommen und haben sich auf den Boden von Block versteckt. Der gresste Teil aber, welcher hat kein Ausweg gefunden, hat sich auf den Apel Platz gesamelt. Auf den 2ten Tag haben die unter eine grosser aufsicht von S.S. dem Lager verlassen.

Über das ganze Lager hat man gekannt hören durch den Lautsprecher: Semtliche Blockälteste bringen sofort semtliche Juden zum Apel Platz. Oder man hat auch gekant hören: Blockälteste und Stubendienste suchen in die Blöck, ob keine Juden haben sich nicht versteckt. Aber kein B. A. oder Stubendienst hat nie einen nach vorne gebracht, trotz dem sie vielle in die Blöcke gefunden haben. Zu stark war dass zusamerleben in Lager, und das war überhaupt nicht möglich, das ein politischer Häft. soll bringen in die Hände von die S.S. den 2ten. Auf den 2ten Tag nachdem der Transport weg ist, hat dass geheisen, das B. ist Judenrein. Vor diesen Transport hat B. gezehlt ca 70000 Mann.

Wann der J. Transport weg war, dan hat man angefangen zu evakuiren alle anderen Nazionen. Den selben Tag haben noch verlassen dem Lager umgefehr 6000 Mann. Auch in die andere 2 Tage haben die Häft. noch evakuirt. Wann der letzter Transport hat B. verlassen, waren schon sehr nehe die Amerikanische Truppen. Die Alierte Flugzeuge sind kreisendig ganz nidrig über den Lager geflogen. Die wollten mit den uns zeigen, dass sie an uns denken. Die gesunte Häftl., welche haben sich befandet auf dem Apelplatz, haben sich einer neben den anderen so aufgestellt bildendig die Worte SOS. Die

Flieger von oben haben dass sofort gemerkt. Schaukelndig mit die Fliegel einmal auf Rechts und einmal auf Links haben sie uns gezeigt, dass sie unsere Zeichen verstanden haben. Dan sind sie verschwunden, und ein bischen speter sind sie wieder gekommen und haben Packete mit Brot, Kekse und Zigaretten abgeschmisen.

Das war den 10. IV. 45. Ein trauriger Tag war dass, von die 70000 sind ins Lager nur 20000 gebliben. Zwischen welche es waren mehr wie 5000 Kranke. Jeder einer von uns hat gesehen die ankommende Ende. Überhaupt bei uns in Revir war die Stimung eine sehr schlechte, weil wir haben ganz gut verstanden, was uns Kranke erwartet, wann der ganzer Lager lehr sein wird. Es ist schon sogar ein Befehl gekommen, dass alle Pfleger und Ärzte sollen bereit sein, den Lager zu verlassen. Mit traurigen Blick haben wir zugeschaut die Pfleger, welche haben sich bereit gemacht zu der evakuirung. Die haben uns auch gesagt, dass wenn die dem Lager verlassen werden, dan wierd die Reihe für uns kommen. Die haben uns getrestet, dass uns werden sie auf Autos führen, dass wir brauchen keine Hangst haben, es erwartet uns nichts schlechtes. Ich aber als alter Häft. habe ganz gut gewusst, was dan auf uns wartet, dass man wird mit uns keinen Teater machen, dass man wird uns mit keine Autos führen, und ich habe dan auch keine Hoffnung gehabt. Ich habe nur eins gewusst, wann dass der Fal sein wird, dass die S.S. wird soviel Zeite haben, die ganze Gesunte Häft. zu evakuiren, dan erwartet uns die selbe Ende, wie dass die Kranken von Gross-Rossen, Bolkenheim und Hirschberg erlebt haben. Wir Buchenwelder sind doch nichts besseres wie alle andere Häftl.

Und so ligendig auf der harter Box hat ein nichtverstendlicher Gefühl mein Herz verklemt. Ich war dan nicht feig, kein ein Klang zum erausbringen. Eine grosse benknis [Sehnsucht] nach das Leben hat mir beherscht. Es hat sich mir so stark angefangen zu benkern nach mein Heim (Menschen, welche keine Heim haben, verstehen dass sehr gut. Ich z.b. habe noch vielmal dieses Gefühl auch jetzt, trotz den dass ich schon 4 Monate frei bin); Nach mein kleines Heimat Städchen, wo ich geboren bin und wo ich meine Kinder Jahre verbracht habe, und auch gleichzeitig wo man mir verhaftet hat. Ich habe eine schreckliche Lust bekommen, zu sehen sich mit meine lieben Eltern und Geschwister, mit welche ich habe mich schon mehr wie mit 2 Jahre zurück getrännt. Und traurig war mir bei den Gedank, dass ich werde schon nie im Leben meine Eltern sehen, meine Geschwister, meine Stadt, dass Haus, wo ich geboren und aufgewachsen bin. Ich werde schon nie mehr in unseren Garten sitzen und sich zuhören zu die Musik von Radio, welche flegt durch den ofnen Fenster dort ineindringen. Wie ich benke [sehne mich] nach dem grossen Hof, wo ich flege so gern haben mit mein grossen Hund sich zum erumjagen. Und jetzt da liegendig auf die Box ist mir jede Kleinickkeit, an was ich nur gedenkt habe, so lieb und teuer geworden.

Und so erum derweiterndig mit dem Gedank [Gedanken wälzend], von was ich nur gedenkt habe, habe ich erfielt, das ich fange an zum absterben. Ein gewisser Teil von meinem Körper war schon auch Tod. Es war für mich eine grosse Frage dan, ob ich diese Nacht überleben werde. Eine sehr schwere und peinliche Nacht war dass. Und das war auch mein Krieses Nacht.

Nicht einmal habe ich mir überwekt von Schlaf und habe von den grossen Fieber, was ich dan gehabt habe, sich angefangen sich warfen und schleudern. Ich habe auch um Hilfe gebeten, aber von wem ich das gebeten habe, dass weis ich nicht. Das alles haben mir mein Nachbaren erzelt. Ich habe auch in Traum meine Mutter gesehen. Sie hat zu mir so viel geschprochen, aber ich konnte mich nicht erinern was. Und wieder habe ich nach Hilfe gerufen. Nein! Und nochmal nein, ich will nicht sterben, ich wil nicht umkommen, jetzt in dem letzten Moment, jetzt wan die Amerikaner befanden sich 10 km von uns.

Wieviel Jahre habe ich gewartet auf dem Moment, wieviel Jahre habe ich gehungert und schwer gearbeitet gebendig sich Mühe zum erleben diesen Moment. Und jetzt, wann die Freiheit ist so nahe, wenn die ganze Nacht hört man das knalen von die Artillerie, darf ich jetzt umkommen. Jetzt, wenn der Hitlerism, welcher hat so viel Milionen umgebracht, zu Grunde sinkt, soll ich jetzt sterben. Vielleicht wär das nicht so schlecht, wenn ich gewusst hätte, dass es bleibt jemand nach meinen Tod, welcher wird mich wenn dermonen [erinnern], ist das schon nicht so schlecht. Aber in dieser Situation, in welcher ich befande mich, wo ich schon keinem habe, wird auch keinen wissen, wo wann und wiso ich umgekommen bin. Meine einzige Verwandte, welche befanden sich in Irland und Amerika, die werden nicht wiesen, wann und wiso unser ganze Gesind [Familie] ums Leben gekommen ist. Und ein grosser und starke Willen zum Leben hat sich in mir geschafen. Warum sol ich jetzt sterben? Was habe ich den von meinen Leben genossen mit meinen jungen Alter, wenn der Krieg hat sich angefangen. Und jetzt die 6 Jahre von Krieg, in welche ich nur schlimmes erlebt habe: dernidrungen und beleidungen. Und ich wolte Leben. Und wie schrecklich dass ist mit so ein Tod umzukommen. Die deutschen wollten, dass dass ganze Lager explodieren oder mit Flamwärfer uns töten. Aber dazu haben die schon zu wenig Zeit gehabt.

Und so denkendig halb schlafend ist durch bei mir die Nacht von 10 auf den 11 April 45. Ein wunderschöner Tag hat sich angefangen. Hoch ist gestanden die Sonne auf den Himmel und geworfen ihre Stralen auf alle Seiten. Auch da in der finsterer Baracke von K. L. B. ist sie ineingedrungen, anwarmend und gletend die ausgemagerte Knochen von die halb Tote Häftl. Wie schön war Drausen, wie schön ist die Welt, aber nicht für alle. Inausschauendig durch dass Fenster Drausen hat man zwischen die Blöcke keine Menschen gesehen, wo sind sie jetzt, die Tausenden, welche sind noch hir mit 2 Tage zurück gewesen? Was hat die S.S. mit die gemacht? Das einzige, was mann hat gekannt sehen, waren das halb Tode, die keine Kreften gehabt haben zum aufsten, um das Lager zu verlassen. Und so sind sie auf der Sonne gelegen mit die Köpfe an der Wand und haben auf den Tod gewartet. Viele von die haben von sich die schmutzige Häft. Sachen ausgezogen, so erum zulasendig die Sonnen Stralen auf ihre seh schwache Körper, auf welche man hat nicht gekant finden kein einen Punkt, welcher soll nicht schmerzen. Viele von die haben schon ausgesehen wie Tod. Schon 2 Tage wie sie haben nicht zum essen bekommen, und dass ist schon der driter Tag, und was wird er mit sich bringen. Der vormittag ist im algemein ruhig vorbei. Nur dass Artilerie Feuer hat sich gestärckt. Auch in die erste Stunden von Nachmittag war noch nicht speziales zu merken.

Und da plötzlich ung. 2 Uhr Nachmitag hat sich angefangen ein starker Maschinen Gewehr Feuer. Verschidene Bilder hat man dan gekant sehen ins Lager. Die ganze Masse Drausen liegende Häft. ist miteinmal aufgestanden und mit tiefe traurige Blicken haben die geschaut in die Richtung, von wo die Schisserei sich genehert hat. Von Minut zu Minut ist sie stercker geworden und nehr geworden, eine unbegreifliche Stimung hat sich dan ins Lager geschafen. Und dan in den selben Zeit ca. 2.30 ist gekommen ein Befehl aus Weimar, welche solte für den Lager Führer sein. Und von Weimar hat man dan nachgefragt, wiso ist dass, ist schon der Rest Häftlinge Tod. Dan hat der Häft., welche hat dass Telefon abgenommen, geantwortet: Ja, es ist schon bald soweit.

Und da hat sich das M.G.F. [Maschinengewehrfeuer] genehert, bei uns auf den Revir hat man eine Rot Kreuz Fahne inausgehangen. Durch den Lautschprecher ist der Befehl gekommen: Semtliche S.S. angeherige verlassen den Lager! Und das Knalen hat sich als genehert, und da auf einmal hören wir den Gerausch von Pantzer. Und plötzlich 3.45 zeigten sich die erste Amerikanische Pantzer vor dem Lager. Die Pantzer haben das Stechldrat durchgerissen und sind ins Lager ereingefahren. Und da ich schau durch das Fenster, alles ist lebendig geworden, alles freut sich sich so stark. Und da lauft unser B. A. erein und ruft: Von jetzt ab sind wir keine Häftlinge mehr, wir sind Frei! Er ist zu jeden einem von uns zugelofen und sich geküsst und gefreut. Wie dass alles ausgesehn hat, kan kein Mensch, der so was nicht mitgemacht hat, verstehen.

Von unser Kranken Block ein Teil, was hat nur Kreften gehabt, Drausen erausgelaufen. Und dort hat sich ein nicht beschreibliches Bild vorgestellt. Viel, viel Menschen, wer nackt, wer angezogen, wer ohne Heuse, wer ohne Jacke, alles hat sich geküsst und Hurra geschrien. Die haben erumgeringelt die Amer. Pantzer, man hat die P. Fahrer in der Luft gewolt werfen, aber die haben erklert, dass sie keine Zeit haben, sie mussen nach Leipzig. Nicht nur wir, auch die Amerikaner waren zufrieden mit die Hilfe, was sie für uns gebracht haben. Sie haben auch erzählt, dass das ist jetzt der erster Lager, wo sie auf lebende angetroffen haben.

Die Amer. haben schnell Gewer verteilt und segnendig [verabschiedend] sich haben sie dem Lager verlassen. Die Häft. haben sofort den Lager erumgeringelt und haben die S.S. gefangen genomen. Unterwegs, wann man hat die S.S. geführt, haben die Häft. sie gewolt Tot schlagen. Nur die bewafnete Kam. haben dazu nicht derlassen, weil die ein Befehl von die Amer. bekommen haben, die S.S. lebend bringen.

Und so stehend bei den Fenster, kaum haltendig sich auf meine Beine, habe ich angefangen zum denken, dem ganzen nachmittag und Abend habe ich zugehört zu dass singen und schpielen von die freie Menschen. Und folgender Gedank ist mir in Kopf gekommen. Was war mit 24 Stunden zurück, und was ist jetzt. Ich wolte jetzt dem Glück, was ich gehabt habe, vergleichen mit dem Glück, welche ich habe immer in Auschwitz bei die Selectionen gehabt. Aber nein, dass kan ich nicht vergleichen, in Auschwitz, wenn ich bei eine Selection glück gehabt habe, dan war das noch nicht gesagt, das dem 2ten mal kan ich pech haben.

Jetzt aber, jetzt bin ich frei, jetzt muss ich denken, meine Wunden schnell in Ordnung zu bring, und nachher ein ganz neues Leben anfangen. Und so ist vorbei ein Tag und das noch einen, ein Tag ohne Hangst für den Morgen. Weist ihr den was das bedeutet? Nach 6 Jahren Krieg, von welche ich habe 2 1/4 Jahr in D. K. L. verbracht, 1 Jahr in D. Arbeitslager und ein Teil im Getho, war dass für mir so wie ein Traum. Und tatsechlich, ich habe Hangst gehabt, dass das kein Traum sein soll. Und es war auch kein Traum.

Meine Wunden haben sich angefangen langsam zu beseren, 5 Tage bin ich noch in dem selben Block gelegen, dan hat man uns in die Blöck von die S.S. gebracht. Bei Sauberkeit und gute Bedingungen, ohne schlechte Gedanken und ohne Hangst für den Morgen haben sich meine Wunden angefangen ganz schnell zu heilen. Und dem 11. 6. 45 hat man mir von dem Revir Block auf den Block für die Jugendliche verlegt. Dort war ich eine Woche.

Und dem 18. 6. 45 bin ich mit dem 350 Köpfigen Transport nach der Schweiz weggefahren. Dem 23. 6. sind wir in die Schweiz angekommen, wo ich befande mir auch jetzt. Wann mein Urlaub zu

Ende sein wird, dan fahre ich nach Palästina, wo ich werde zusamen mit alle Kam. bauen eine neue Zukunft für uns. Ein neues Leben von Freiheit, gleichheit und gerechtigkeit.
Mit liebe von 1 Mensch zum zweiten.

The End

Max Perkal

Häft. No. Auschwitz 98069
Häft. No. Bu. 133881

Die Hefte von Max Perkal

Wer ist Max Perkal, dessen Name jetzt plötzlich auftaucht inmitten zahlreicher Erlebnisberichte aus dem Zweiten Weltkrieg, die in der ersten Nachkriegszeit niemand hören oder lesen wollte?

Es ist Sommer 1945. Da kommen sie an, die jungen Menschen, die die Hölle der deutschen Konzentrationslager durchgemacht haben und nun hier in der Schweiz Erholung finden sollen. Dreihundertfünfzig erhalten von der Fremdenpolizei in Bern einen begrenzten Aufenthalt in der Schweiz zugebilligt.

Auf dem Zugerberg hoch über dem Tal sehe ich nach Mitte Juli die Gruppen der etwas über hundert Jugendlichen aus dem Seilbähnchen steigen und auf das grosse graue Haus zugehen, das sie nun einige Wochen beherbergen wird. Kinder? Erwachsene? Menschen! Ich bin in diesem Heim die Schulleiterin und Hausmutter. Spontan sprechen mich die Jungen mit «Mutti» an, mit dem Namen also desjenigen Menschen, den sie vor Jahren auf die grausamste Art verloren haben. Ich wandere abends durch die langen Gänge von Zimmer zu Zimmer und sage meinen grossen Kindern gute Nacht.

Mit Verstehen, Aufgeschlossensein und Wärme versuchen wir, langsam, behutsam die Jugendlichen in ein normales Leben zurückzuführen. In dieser Stimmung öffnen sich bei einigen Jungen die bislang verschlossenen Kammern des Unaussprechbaren in der Tiefe: ein Schluchzen, ein Traum, ein zögerndes Erzählen, erschütternd deutliche Zeichnungen. Vorherrschend jedoch ist das praktische zukunftsgerichtete Streben, sich durch eine abgeschlossene Berufsausbildung zu beweisen und sich wieder in die Gesellschaft zu integrieren.

Einer der Älteren in dieser durch Herkunft verschiedenen, doch durch das Schicksal geeinten Schar ist Max Perkal. Er ist im Sommer 1945 neunzehn Jahre alt. Ich sehe ihn vor mir, gross, still, gedankenvoll und von einer eigenartigen Ausstrahlung. Mit zwei Kameraden, denen er sehr verbunden ist, teilt er das Zimmer.

Eines Abends ist er allein in seiner Stube, als ich leise eintrete und ihn tief versunken in Gedanken an seinem Tisch schreibend vorfinde. Der Stift gleitet dahin über die Seiten des blauen Schulheftes, wie gejagt von Bildern, die qualvolles Erinnern hervorrufen. Seine verletzte Seele drängt es hinaus. Leise rufe ich seinen Namen, er sieht mich an wie von ferne, ergreift meine Hand und presst sie an sein Herz. Ein unbegrenztes Vertrauen wächst zwischen dem suchenden jungen Menschen und mir. Wenig später liegt das erste Heft auf meinem Tisch. Ich lese erschüttert. Wo, Max, hast du die Kraft hergenommen, all das durchzustehen? Er spürt mein Betroffensein. Ein leises Lächeln huscht über sein Gesicht, jetzt ist Max stärker als ich.

Fast Tag um Tag der mehr als zwei Jahre dauernden erlebten Entmenschlichung und Pein hält er mit einer erstaunlichen Gedächtnistreue auf dem Papier fest. Max hat aus der quälenden Not, die unerträglichen Erinnerungen loszuwerden, geschrieben, indem er jemandem Vertrautem die zeitlose Zeit der Schreckensjahre mitteilte, jemandem, der zuhörte und ihm glaubte. Dies macht den unschätzbaren Wert seiner Aufzeichnungen aus, die einmalig sind, unverfälscht und spontan. Sie waren sein Weg zum Überleben, zur Befreiung.

Als das Heim nach wenigen Wochen aufgelöst wurde, übergab mir Max die drei blauen Schulhefte, seine Schicksalsgeschichte, sein Tagebuch.

In den ersten Nachkriegsjahren bestand kein Interesse für solche schier unwahrscheinlichen Zeugenberichte. Die damalige Zeit war gekennzeichnet vom Verlangen der Verschonten, sich aus Schuld und Scham zu lösen durch das Verdrängen der Vergangenheit, und vom Wunsch der Täter, hinüberzuwechseln aufs andere Ufer durch Verharmlosen, Leugnen. Eine Veröffentlichung war daher nicht möglich.

Die blauen Schulhefte lagen für ein halbes Jahrhundert in schweigender Versenkung bei mir verwahrt.

Max begann einen Elektrotechnikerkurs in Zürich und arbeitete daselbst in einem Elektrobetrieb bis 1949. Eine menschliche Verbundenheit zwischen uns blieb bestehen. Aus den vielen Briefen der ersten Zeit, in denen nie mehr die Schreckensjahre erwähnt werden, sprechen ungeheure bildhafte Ausdruckskraft, Zartheit, Poetik und ein liebevoll ironischer Humor. Eine grosse Erlebnisfähigkeit und Empfindungswelt drückt sich in allen seinen Schreiben aus. Nach meinem Wegzug nach Frankreich und seiner Emigration in die USA erzählten wir uns längere Zeit schreibend Nachrichten des Tages: «Vielen Dank für Deinen Brief, der mich riesig aufrichtig freute, ich bin so froh auf irgend welches freundliches Zeichen von irgend jemand in dieser Wüste der Gleichgültigkeit.» Er lebte in Philadelphia. Die Zeit ging über ihn hinweg. In der Selbstbestätigung durch erfolgreiche Arbeit – er besass einen Supermarkt – und durch die Gründung einer Familie, die das zerrissene Leben weiterträgt, sank die einsame Traurigkeit, in eine unberührbare Tiefe, und das rettete ihn.

Anfang der sechziger Jahre tauchte er überraschend in Zürich auf vor seiner Weiterfahrt nach Israel. Er wollte dort eine mögliche Lebensbasis für sich und seine Familie auskundschaften. Nach dem Sechstagekrieg verliess er die USA und lebte fortan siebzehn Jahre in Israel. Er war, als wir uns 1970 in Jerusalem wiederbegegneten, mit der Installation von Telefonleitungen im Sinai beschäftigt.

Danach grosses Schweigen über zwanzig Jahre. Wie konnten wir uns nur so verlieren? Ich werde ihn suchen lassen, denke ich. In Israel? In den USA? In diese Überlegung hinein klingelt das Telefon: Max in Zürich! Er kommt aus den USA. Ich erzähle ihm von meinem Manuskript und den darin verwendeten Stellen aus seinen Heften, die er selbst mit keinem Wort erwähnt oder zu sehen wünscht. Mir scheint, er mag darüber nicht sprechen und lässt mir freie Hand.

Zur Präsentation meines Buches im Mai 1994 lade ich ihn nach Zürich ein. Da nimmt er zum ersten Mal seit der Niederschrift seine Hefte in die Hand und liest, liest, zwei, drei Tage, zuerst ungläubig, seine Autorschaft anzweifelnd, doch dann kehrt mehr und mehr die Erinnerung zurück, lebendig, nah und in einer beängstigenden Deutlichkeit. Als einer der wenigen Überlebenden aus jener Zeit ist er überzeugt, nicht mehr schweigen zu dürfen.

Max Perkal willigt in die Veröffentlichung seiner Hefte ein mit dem Wunsch nach einer Übersetzung ins Englische, «damit mein Sohn und meine Tochter es lesen können».
Die kurze Schilderung der letzten vierundzwanzig Stunden im Ghetto zu Hause zusammen mit seiner Familie entsteht in diesen Tagen in Zürich.

Nach fünfzig Jahren möge die Welt diese lautere, unverstellte Stimme hören. Der Leser wird, neben dem Entsetzen, das die Bilder der Grausamkeit und Entmenschlichung in den Lagern hervorrufen, in dem Text die ergreifende Zartheit, die poetische Ironie, den innern Reichtum, den Mut und die Kraft eines jungen Menschen finden, die uns zum Nachdenken und zu Toleranz verpflichten. So gilt denn Max unser Dank.

Charlotte Weber, Zürich 1995

Du, Max, könntest es gewesen sein...

...damals, im Frühsommer 1945 – das ist jetzt fünfzig Jahre her – neben dem ich gesessen habe. Es wäre am ehesten in meinem Elternhaus gewesen, das immer voller Gäste war, lang vor 1933 bis weit über 1945 hinaus. Nicht jener Sorte Gäste, wie sie in den Mehrsternhotels zu finden waren oder in den verschwiegenen, wohlbewachten Villen; Leute, die vom Kriege, von dessen Vorbereitung königlich lebten und sich hier immer hochwillkommen und völlig sicher wussten. Nicht die, sondern die Abgerissenen, Zerrissenen, Zerstörten, Verstörten. Die wurden bei uns beherbergt. Lebensmittelcoupons, damals noch strikt gefordert, brachtet ihr keine. Aber wir waren immer alle satt um den Tisch meiner Eltern in Basel an der Röschenzerstrasse, vier Kilometer vor jener Grenze, von der die Drohung kam und die ihr nun hinter euch hattet. Einer von diesen könntest du gewesen sein, Max Perkal. Als du auf dem Weg warst, zu Mutti Weber oder von ihr weg, wie du dich aufmachtest, die Reise in deine Zukunft anzutreten – du mit zertrümmerter Vergangenheit und ohne Gegenwart.
So mochten wir uns begegnet sein damals, du und ich. Wie seltsam das war. Und wie schwierig. Wir spürten es und konnten doch davon nicht reden. Beide waren wir jung. Du trugst das alles mit dir, was in jenen Tagen für uns das dunkle Loch voller Unvorstellbarkeiten gewesen war. Von Namenlosigkeit. Uns umschlichen Ahnungen, hier in der Schweiz, auf der, ach, Friedensinsel. Ahnungen, für die bei uns Worte erst gefunden werden mussten. Jahrelang hatten hier die Behörden uns strikt ermahnt, nichts von dem zu glauben, was wir hörten. Je Schrecklicheres wir hörten, um so weniger zu glauben. Und schon gar nicht davon zu reden. Das Plakat steht mir vor dem Auge: Ein Schweizer Soldat, in Silhouette, hält warnend seinen Pschscht-Zeigefinger über die schwatzenden Mäuler einer Gruppe von – selbstverständlich, was denn sonst? – Frauen, Schwatzweibern. SCHWEIGEN IST BÜRGERPFLICHT hiess es, oder

auch WER NICHT SCHWEIGEN KANN, SCHADET DER HEIMAT. Gemeint war: Wer das ausspricht, was an Meldungen zu uns kommt, wer sich gar zum Protestieren entschliessen wollte, der könnte den mächtigen Nachbarn im Norden erzürnen, an dessen Launen unser Schicksal hängt. – Von diesen Soldaten einer bin ich gewesen, und ich hatte geglaubt, weil ich im Réduit stand, hätte ich den Hitler von hier ferngehalten. Währenddessen wurden drunten an der Grenze jene von deinen Schicksalsgenossen, die sich für glücklicher hielten, weil sie glaubten, ihr Leben gerettet zu haben, von andern Schweizer Soldaten über die Grenze zurückgeschickt.

Ich war fern – wie fern sind wir hier gewesen. Ferne dem Ausdenkbaren.

Aber nun sassest du bei uns. Und fandest, was du zuvor in deinen Träumen und Tagträumen an Wunschbildern phantasiert hattest: Du assest vom gedeckten Tisch, schliefest im sauberen Bett, meine Eltern haben sich fürsorglich um dich gekümmert.

Hier wäre aufzuhören mit dem Berufen der Tage von 1945. Allein, von dem, was auch noch gewesen ist, muss hier die Rede sein. Charlotte Weber schildert es in ihrem Buch,[1] und wir zwei, du und ich, haben davon etwas erfahren, und es sei nicht verschwiegen.

Damals, nachdem es vorüber war: Ich suchte dich, Max. Du hast mich nicht gesucht, weshalb solltest du? – Die *du* suchtest, Israel, dein liebevoller Gefährte und Lebensretter bis fast ans Ende, und dein Schwesterchen, dein Brüderchen und die Eltern, die Leute aus den Tagen deiner Kindheit, sie waren nicht da. Wie ungeschickt mussten damals, wir waren beide um die zwanzig, meine Versuche sein. Wie abweisend warst du zu mir, dem verwöhnten, wohlgenährten, lebensunerfahrenen Kerl, der noch nie richtig von zu Haus weggekommen war. Ich erinnere mich deines Schrecks, als ich auf Urlaub kam, noch in der Uniform, welche von Schnitt und Farbe dem Gewand derer viel zu ähnlich war, die euch gepeinigt, die Deinen gemordet hatten. Was mochte damals über dich kommen, als du mich so sahest. Du hast nichts gesagt, ich habe nichts

---

1 Charlotte Weber: Gegen den Strom der Finsternis. Als Betreuerin in Schweizer Flüchtlingsheimen 1942–1945, Chronos Verlag, Zürich 1994.

gedacht. – Nachts im selben Zimmer versuchten wir zu reden. Du machtest Andeutungen, und das geschah in jener stimmungsreich intensiven Sprache, in der du in jenen Tagen den Text verfasst hast, den du uns heute vorlegst. Ich hörte zu, fast nichts begriff ich.
Aber ich hatte nicht die Worte, etwas dazu zu sagen, es wollte nicht kommen, es waren Worte nicht verfügbar. Versuche es heute, ein Halbjahrhundert später, einer, dir zu antworten, wenn er deine Hefte gelesen hat...! – So schwieg ich. Dann, eh du gingst, wollt' ich dir was geben. Was gibt man einem, der alles und mehr verloren hat? – Ich kam mir lächerlich vor und schämte mich. Und habe nichts gegeben. Keine Erinnerung an die Tage, als du von den Toten zu den Lebenden zurückgekehrt bist und unser Gast warst. Das ist es: Ich schämte mich. Das wenige, was du sagtest, das viele, das du verschwiegst, dies vor allem, verbreiterte die Scham, legte diese wie eine auf der Wasserfläche sich ausweitende Öllache zwischen dich und mich. Und ich konnte es dir nicht sagen, noch sonst jemandem. Da war nichts zu tun. Da war niemand, um zu raten. Und in dieser Wortlosigkeit – wir trauten uns nicht zu gestehen, dass es Sehnsucht war – haben wir uns getrennt.
In jenen Tagen hast du das Unbegreifliche fertiggebracht: Du schriebst dich frei, behütet von Mutti Weber, die damals dich umfangen hat, die du heute, da sie gnadenvoll in die Achtzig getreten ist, in deine Arme schliessest. Währenddessen weinen wir uns durch deine Zeilen hindurch, jetzt, wir Leser, Zeile um Zeile, geführt von jener eigentümlich markanten Handschrift, deren Bild ungekünstelt jene Kräfte bezeugt, von denen zu sagen ist, dass sie dich am Leben erhalten haben: diese Kombination aus Sensibilität mit einer Festigkeit und inneren Gewissheit ohnegleichen; diese Konstanz des Schriftbildes, das auch dann keine Andeutung von Zittern, keine Zeichen von Erschlaffung zeigt, wenn du an dem Übermass des Unbeschreiblichen Erschöpfung ahnen lässest; diese Schrift, die nie erstarrt und auch dann nicht verhärtet, wenn du Begebnisse zur Sprache bringst, über denen der Leser erst tief durchatmen muss, will er dabei bleiben, die Hefte nicht weglegen, sondern dir weiter folgen.
Und *wie* du schreibst, mit deiner elementar poetischen Gabe! –

Naturlyrik, scheint es, wird richtig lesbar erst an den Kontrasten, die du öffnest: «Ich schau auf den Himmel und die Sterne und ich denke, wie schön ist die Natur wie schön ist die Nacht und wie schlecht sind die Menschen. O, den Himmel und die Sterne, ich sehe sie jezt zum lezten mal, Morgen fruh wan die Sonne aufgehen wird, dan wird schon der Wind tragen die Reste von meinem Körper...»

Vergänglichkeit: Hier wird sie nicht beschrieben, hier *schreibt* sie. Wer *dies* liest und sich ihm nicht entzieht, wird ahnen, worum es geht – oder gehen sollte –, wenn die Rede ist von Dichten nach Auschwitz. Wir werden uns dazu nochmal Gedanken machen müssen.

Ich versuche mir vorzustellen, wie du sassest, im Zimmer mit Marian und Lutek. Wie Charlotte Weber behutsam eintritt und dich da findet: «Er ist allein und schreibt, eingehüllt in seine Erinnerungen, ergriffen von den Bildern, die aus seiner Seele drängend zu Papier gebracht werden wollen. Er hört mich nicht eintreten.

‹Max›, sage ich leise, ‹du arbeitest noch?›

‹Oh Mutti...›, höre ich es wie von ganz ferne...»

So entsteht das Werk, welches uns jetzt vorliegt. Hätten doch mehr Leute, Träger eines Schicksals wie dem deinen, etwas dergleichen vermocht, auch ohne deine Begabung! – Es tauchen vor mir die vielen Besucher auf, in Israel wie in der Schweiz, wie sie bei mir im Sprechzimmer sassen, stundenlang der Mund verschlossen, abgedichtet vor den Ihren, vor sich selbst. Wie das alles hervordrängte, aber es konnte nicht heraus, Jahre, Jahrzehnte hindurch, bis es dann in der Therapie doch hervorgekommen ist. Und *wie* es dann gekommen ist: Schauerlich manchmal, wenn statt Berichten die gellenden, bellenden Ausrufe der Bewacher zum Tönen gebracht wurden und die Gepeinigten von damals aus ihren Schuhen gleichsam in die Stiefel der SS geschlüpft sind. Oder dann das Schreien der Todgeweihten, das Stöhnen und Verstummen der Sterbenden. Eine Frau, erinnere ich mich, hatte sich auf KZ-Kost gesetzt. Um dreissig Kilo wog sie. Mit der Hilfe meiner Gattin habe ich sie gefüttert, aufgezogen an der Babyflasche, und versucht, ihr damit ein neues Leben einzugeben. Sie war damals über vierzig.

Das hast du allein fertiggebracht, dank der umfangenden Güte von Charlotte Weber. Wie das alles unreflektiert hervorkommt, direkt. Nichts von Ergiessung ist in den Heften zu finden, und auch nicht das Leiseste, das an Effekt könnte denken lassen.

Bei alledem hast du etwas aus den Tagen von Auschwitz direkt zum Reden gebracht. Wie das sich liest, wenn du nicht allein *von* Auschwitz oder darüber schreibst. Auschwitz, vielmehr, spricht durch dich, es zwängt sich in deine Zeilen und bleibt drin, bis hinein in den Jargon der Auschwitz-Sprache. Wie du das konntest! – Aber dies ist, was deine Heilung eingeleitet hat. Was du da schreibst, das ist nicht das reine, warme Jiddisch, welches bei euch zu Haus geläufig war; ist nicht jenes besondere Idiom, das die Klezmerbands heute, ein halbes Jahrhundert nach dem Untergang, mit seinen nirgendwo sonst zu hörenden, gemütvollen Klängen einem staunenden Publikum vorsingen. Da ist noch anderes drin: Manches von dem Deutsch ist eingeflossen – und dadurch zur Verarbeitung gekommen – das du durch die Jahre der Peinigung in schnarrenden Kaskaden hast anhören müssen. Von der Sprache jener Deutschen, über die du – schauerlich grotesk liest es sich – an andrer Stelle deinen Vater sagen lässest, während ihr, noch in der Familie vereinigt, im Ghetto auf das Abgeholtwerden wartet: «Mein Vater, der immer tröstet, versucht nochmals, uns zu beruhigen – er spricht von dem kulturellen deutschen Volk, das nicht fähig ist zu *dem,* was wir so fürchten!»[2]

Dann hast du es kennengelernt, dieses kulturelle deutsche Volk. Hast dessen Sprache vernommen, Tag für Tag. Daraus ist hier, in den Heften, die du uns vorlegst, etwas Besonderes geworden, ein dir Eigenes, Eigentümliches und sehr Eigenwilliges. Daraus wurde die richtige, angemessene Sprache, in der wohl einzig mit dem Inhalt deines Textes zurechtzukommen war. Anders hast du das wohl nicht aufschreiben können, und nur so, wie es dasteht, vermögen wir es zu lesen, nicht nur in seiner Schauerlichkeit, son-

2 Dieses Zitat stammt aus dem kurzen Text, den Max Perkal aus Anlass der Vernissage von Charlotte Webers Buch «Gegen den Strom der Finsternis» vom 18. Mai 1994 geschrieben und auch vorgetragen hat.

dern auch mit der Untergründigkeit der apokalyptischen Szenen, etwa dieser Passage:

«Nach dem wie die tote Körper haben sich im Hofen angezunden, hat man von drausen in einem Umkreis von paar zendlig Km.[3] gekänndt sehen die Feuerzungen, welche haben sich von Kamin zum Himmel hoch gezogen. Die haben geflatert in die finstere Nacht und haben beleuchtet die ganze Gegend eraus. Es hat ausgeschaut, wie die Feuerzungen etwas sprechen aber nicht viel von die, was haben das Feuer gesehen, haben das verstanden.»

Du hast verstanden. Dein Ohr war offen der Sprache der Feuerzungen. Jetzt lässt du uns die Ohren, und wenn sie noch so widerspenstig sind, empfänglich werden – für - - Feuerzungen.

Und doch, das mit der Sprache, mit der deinen und mit der Sprache dieses kulturellen deutschen, des Volkes der Dichter und Denker hat mich weiter beschäftigt. Und das musste sein, wollte ich begreifen, wie du das fertiggebracht hast, in just diesen Worten und in solch durchdringender Sprache deine Mitteilung zu geben. Übrigens, die Ironie der Geschichte hat es gewollt, dass mitnichten dieses Volk selbst sich eine derartige Bezeichnung zugedacht hat. Vielmehr ist eine Schweizerin es gewesen, Germaine de Staël, die von dem napoleonischen Frankreich aus vor bald zweihundert Jahren die merkwürdige Gebrochenheit jenes Deutschland beschrieb. Das muss man bedenken, wenn man begreifen will, wie du aus *dieser* Sprache *dieses* Werk hast schaffen können. «Volk der Dichter und Denker»: In meiner Bibliothek steht, nebst anderem zur Zeitgeschichte, der Band «Kommandant in Auschwitz», die Autobiographie von Rudolf Höss; daneben findet man die Korrespondenz des Heinrich Himmler. Ich könnte ja fairer sein und erwähnen, dass man irgendwo unter meinen Büchern auch nach «Wilhelm Meister» oder «Buddenbrooks» greifen könnte. Aber nein, nein: Jetzt geht es darum, verständlich zu machen, wie jene all das begreifen und beschreiben, was sie organisiert haben – jawohl: organisiert, planvoll und ordentlich. Und es wird mir klar: Hätte jemand diesen beiden Scheusälern, Höss wie Himmler, dein Buch

---

3 Mehreren Zehnzahlen Kilometer.

vorgelesen, sie hätten es nicht verstanden, hätten nicht gewusst, wovon du redest und wie du redest. Einer, der Beamtendeutsch schreibt in seinen angelernten leeren Wortformeln, dieser Höss, der hätte sich keine Vorstellung von dem zu machen vermocht, welche Sprache aus Feuerzungen zu hören ist. Erschreckender noch verhält es sich mit den Briefen des SS-Reichsführers. Der ist nämlich, ungleich jenem Höss, nicht nur ein mieser, gehorsamer Beamter gewesen, sondern ein vielseitig begabter Mann akademischer Herkunft aus dem wilhelminischen Staat: ein skurriler, namenlos ehrgeiziger, dabei gebildeter Phantast, ein überdimensionierter Kommisskopf, der irgendwo fortdauernd etwas von seiner Monstrosität geahnt und auf diese mit schwersten psychosomatischen Störungen reagiert hat. Unbegreiflich, diese Monstrosität: Was in so einen Kopf alles hinein- und wie es aus ihm wieder herausgeht. Wie dieser Kopf es fertigbringt, sämtliches, die ganze Welt, und die nächsten Freunde nicht ausgeschlossen, in sein System zu zwängen, alles muss passen, alles gehorcht, so vollkommen hat er sich das System ausgedacht. Was nicht passt, fügt sich: Befehl von Heinrich Himmler, Reichsführer SS, an seine schwarzen Brigaden, Totenkopf auf der Mütze. Niemand widersetzt sich.

Ausser dir, Max: Du hast es fertiggebracht, dass du dich dagegen stelltest – ein kleiner Junge aus dem Ghetto in Polen. Du ganz allein. Durch dein Leben wie in deinem Schreiben. Dem Schreiben aus der Hand eines Menschen, dessen Geist stärker ist als die rigoroseste, bestorganisierte Ordnung. Dass solch ein Mensch am Ende auch das Überleben sichert – nicht nur deiner, sondern unser aller – und dass er so unvergleichlich viel mehr gesunde, aufbauende Kraft in sich birgt als alles Parolengeschrei der militarisierten Vitalität (Nazideutschlands und aller Organisate zuvor und danach), dies lesend aus deinem Text zu spüren, macht etwas von dem Erlebnis der Begegnung mit dir aus und bleibt als aufbauende Erfahrung aus der schwierigen Lektüre deines Buches zurück. Mitten aus dem Bericht über den Massentod wächst da etwas, das vom Leben, nicht nur vom Überleben kündet.

Nun denn, zwei Generationen später – die Blätter sind vergilbt, und du hast dir fern von den Erfahrungen deiner Jugend ein neu-

es Leben aufgebaut, bekamst Kinder, hast ein tätiges Leben geführt – jetzt kommt dein Buch heraus. Mit dessen Publikation kehrst
du zurück: nach da, wo du herkommst. Soll das sein? Muss das
sein? Darf das sein? Will man das alles nochmals erwecken?

Mit dieser provozierenden, man muss schon sagen: obszönen Frage richten wir uns durchaus nicht nur an die Täter von damals
oder an deren Nachkommen. Sie geht auch an dich, Max, und an
deine Gefährten von einst. – Ich erlaube mir, sie zu beantworten.
Und es zu tun aus einer ärztlichen Erfahrung mit ziemlich vielen
von den Leuten, die dein Schicksal – in mannigfacher Weise, aber
immer voll Horror bis heute vergegenwärtigt – zu teilen hatten.
Merkwürdig nun, dass fast alle von meinen Bekannten jetzt, da sie
an der Schwelle des Alters oder dahinter stehen, den Drang ver-
spüren, dorthin zurückzukehren, von wo sie herkamen; nach da,
wo es gewesen ist, ehe die Flut über ihnen eingebrochen ist. Trotz
aller schauerlichen Erinnerung. Etwas in ihrem Leben muss, so
scheint es, seine Abrundung finden, um jeden Preis.

«Doch es kehret umsonst nicht
Unser Bogen, woher er kommt.»

Nicht wichtig, von wem diese Verse stammen. Geschrieben wurden sie vor bald zweihundert Jahren in einer Zeit, als jenes kulturelle Volk – nach den Worten deines Vaters – politisch erwacht ist
und für viele, auch Juden, und namentlich bedeutende Jüdinnen,
eine Quelle der Hoffnung gebracht hat. Was Hölderlin da vor sich
sieht: das Bild des Lebensbogens, der sich schliesst, Ende zu Anfang, das haben mehrere meiner Analysanden zum Abschluss der
Therapie, gleichsam zur letzten Verarbeitung ihrer zerstörten Jugend, ihres Lebens, getan. Sie sind an die Orte, wo das alles be-
gonnen hat, zurückgegangen, auf kurz, aber entschieden und wach.
Und zu meinem Erstaunen fast immer mit innerem Gewinn. Nun
erst war es ganz fertig. Nun liess sich freier leben. Auch: gelasse-
ner sterben.

Du, Max, wirst es nicht nötig haben, diesen Weg zu gehen. Du hast
es anders geleistet: nicht mit dem Flugzeug, nicht im Gang durch
die Strassen deiner Heimatstadt. Du hast es hier niedergelegt, fünfzig Jahre zurück. Vor uns ist es aufgeschlagen. «Schön war draus-

sen». Und wenn du jetzt den Band in Händen hältst, dann «kehret dein Bogen, woher er kommt». Du rundest dein Leben ab, nicht durch einen Weg zurück, sondern vermittels eines Werkes.

Damit ist nun ein weiteres Thema angerührt. Es wurde zuvor schon in Andeutung erwähnt, das Thema: Dichten nach Auschwitz. Seit Jahrzehnten, kaum kürzer als das alles zurückliegt, was du uns beschreibst, beschäftigt es die Öffentlichkeit und hält deren schreibenden und lesenden Anteil in Disputen fest. Alles begann 1949 mit einem Vortrag von Th. W. Adorno, dem einflussreichsten unter den deutschen Denkern jener Tage, in welchem der Satz gesprochen wurde: «...nach Auschwitz ein Gedicht zu schreiben, ist barbarisch, und das frisst auch die Erkenntnis an, die ausspricht, warum es unmöglich ward, heute Gedichte zu schreiben.»

Damit hatte Adorno etwas Wesentliches in Gang gebracht, er hatte gerüttelt, es war nötig und höchste Zeit. Dichtung heute: «Über allen Gipfeln ist Ruh...» – nein, das darf wirklich nicht mehr sein im Volk der Dichter und Denker mit Auschwitz im Rücken und mit der durchaus nicht absurden Vorstellung, es könnte mehr als einer von den Bewachern am Ofen seinen Band Goethe-Gedichte im Waffenrock griffbereit gehabt haben.

Mit dieser Vorstellung im Kopf und mit Adornos Satz im Ohr habe ich deine Hefte gelesen. Wie sehr möchte ich wünschen, die Leute, die sich über das Adorno-Diktum zanken, täten ein Gleiches und beschränkten sich nicht auf Nelly Sachs und Paul Celan, wenn es über Dichtung von Auschwitz (und nicht nur *nach* Auschwitz) geht. Du bringst etwas fertig, was jene Dichter, indem sie bildhaft überhöhten, sich versagt haben. Wie du das Unbeschreibliche darstellst und das Beschreibliche daneben bestehn lässest, es ist kaum zu fassen. Unter Demütigungen noch und mitten im Morden hörst du die Vögel pfeifen, siehst du Blumen blühn. Wie du dies sagst – das *ist* ein Gedicht nach Auschwitz. «Schön war draussen»: Ein Vers wie dieser wurde noch nicht gesagt. Reinste Beschreibung. Der Rest als Zutat bleibt dann meine, des Lesers Sache. Du nimmst uns nichts ab. Wir sind es, ob wir wollen oder nicht, die das Unsere dazu fügen und auf diese Weise dorthin getragen werden, wo es sich vollzieht. Einem Gedicht mit solcher Aussage eignet die reini-

gende, kathartische Kraft, die von ihm erwartet wird. Auch – oder erst recht – nach Auschwitz. Und vielleicht gilt, allem zum Trotz, das Wort des schon zitierten Friedrich Hölderlin:
«Was bleibet aber, stiften die Dichter.»
Vorausgesetzt, sie sagen, redlich und sicher wie du, jederzeit, was zu sagen ist. Nur so erhält es sich. Mahnmale rosten, Monumente vermoosen. –

Schön würde es sein, wenn du zur Vernissage deines Buches nach Zürich kommen könntest. Dies würde die Abrundung markieren und die Wesentlichkeit bekunden, welche du dem Anlass zudenkst – für dich wie für uns, deine Leser, und vor allem für deine Verleger, dann im besonderen, aber dies sei nicht zerredet, für dein Mutti Charlotte Weber. Wenn ich dir diese Zeilen vorlege, so werden sie nicht das Geschenk sein, welches vor fünfzig Jahren ausgeblieben ist, sondern mein Dank für *dein* Geschenk. Für dieses Buch. – Wichtig aber wird mir eines sein: dass wir uns die Hände reichen, du, Max, und ich. Fünfzig Jahre ist es her, seit wir uns getrennt haben. Wir beide haben unsere Leben zu erfüllen versucht. Nun sind wir alte Männer. Ein Wort und auch ein Blick, ein Händedruck, damit das, was wir damals nicht vermocht haben, sich doch noch erfüllt, wäre auch für uns beide jenes Stück Abrundung, welches den Bogen unserer beider Leben sinnvoll zu schliessen vermöchte.

Aron Ronald Bodenheimer, Zürich 1995

Ich fiele grosse schmerzen, in die Momenten wen ich hojb mich on zu dermonen die schrekliche Nacht in welcher ich habe mir gemusst schejden mit meine teierste und liebste was ich habe gehat. Das is gewen die Nacht von 28 auf 29 Januar 1943. Noch a 3 Togiker fart ir fermachte Tiwagonen, senen mir ongekummen zu die Tojern von schreklichen K. L. Auschwitz, welcher is bekant in der Welt mit sein Greul und euch mit dem was er trogt dem Name „Ruhe Ort vo iber 4 Milion Europeische Juden. Der Zug hot ongefangen langsam zu bremsen. Wan er is schon ganz schtehen geblieben, und man hat aufgemacht die Türen, is das erschte was wir haben gekont sehen gewen ein schtark beleuchtener Platz dicht von alle seiten arumgeringelt von s.s. Männer mit grojse s.s. Hunde. Es scheint das, das Jener is sei gewen zu wenig, weil jeder von sei hot noch ein grojsen dicken Schtok in der Hand gehat. Es is gekomen der Befehl schnell und semtliche Päckete iberlosen. Das ales hot gemust wern ausgefirt in Tempo. Wie meglich schnell bin ich

Die ersten vier Seiten aus Max Perkals Aufzeichnungen, geschrieben im Sommer 1945. / The first four pages of Max Perkal's notebooks, written in summer 1945.

mit mein Vater ausgestiegen von Wagong. Das
erste was es is (und) uns gekommen im Gedank ist gewen sich trefen mit mein Mutte mit mein Schwester und mit mein 11
Jährigen Bruder, welche seinen leut dem Befehl von die s.s. gefuren in andere Wagon
Und im diesen Fal haben mir Glück gehabt. Bis alle Leute senen von die Walgon
eraus, haben wir unser ganze Gesind, schon
zusammen gewen. Und (bei) bildendlik eine
kleine Gruppe haben wir so marschart zu
den Platz, welcher war am hellsten beleuchten. Das war der Platz wo der so geru-
fenert s.s. Obersturmführer und Welt Mörder
Schwarz hot mit seinen zeiger Fönger über
jeden dem Urteil eraasgebracht. Ein gewise
Teil hat er gezeigt die Richtung zum
Leben und dem grösten Teil die Richtung
zum Tod, durch fergasen. Auf den Wege zu
dem so genenten „Selekzie Platz" hot men
ofgeteilt Männe besunden und Frauen
und Kinder besunder. Das obteilen sich
hot gemust ganz schnell vorkummen, unter
der Begleitung von schwere s.s. Soktöcke

Welche senen sistematisch und mit Ausrechnung arobgelost geworen auf die Köpfe von
die unglückliche Nefasches, auf die Köpfe
von die areme Mentschen wemes lebens Termin hot sich gebraucht zu endiken gleich mit
der Ende von der schreklicher Nacht. Ich mit
mein Voter senen gegangen in eine seite, mein
Mutter, Schwester und Bruderl in die andere Seite.
Fil Zeit zum sich verabschiden mit meine teuerste haben wir nich gehat. Das einzige was
die haben uns nicht gekont verboten ist gewen
der Blick. Mit dem Blick habe ich begleit mein
Mutter und Geschwister so lange, bis ich habe nicht
derfilt ein heftigen klap über den Kopf von
einem s.s. Stock. Und dan mitgerissen von
der ganzer Masse, bin ich zusammen mit
mein Voter zugenömen, vor dem S.S. Mann Schwarz.
„Wie alt bistu, und was bistu von Beruf?
hat geklungen, schneidendik sein Stime welche
is gewen gewendet zu mich. Nich viel übelegen-
dik habe ich schnell geantwortet, – 19 Jahre von
Beruf Maschinen, Mechaniker. Ein Zeichen mit
der Hand, und mit ein schnellen zeig mit dem
Finger hot er mir angewisen die Richtung

wohin ich brauch zu gehen, dagegen mein
Vater hate er ongewisen die gagenseitige
Richtung, welche hat bedeutet zum Tod. Bleibendig alein in der Mite von Platz und
nicht habendik viel zeit zum überleigen
seinen mir eins noch den zweiten gekomen
die Gedanken; Die Mutter hat mann mich
wekgenomen, die Schwester und Bruder wek
genomen, und jezt willen die mir auch
den Vater weknemen. Nein! Und nicht viel
denxendik bin ich mit der Hilf und Kraft
von meine Nerven zugelofen zu mein
Vater, Ich gedenk es nit gut wi so das
hat passirt und wi-so das war meglich.
Ich weiss nur ich bin zugefallen zu
mein Vater und mit der ganzer Kinder-
Liebe von mein zu jener zeit 17 Jährig
Herz habe ich angefangen schnell und
wild zu kissen meinem Vater. Er hat
mich ongefangen etwas zum beruigen,
aber das ist alles gewen eine Sache
von Momentn. Die s.s Männer welche
waren zugewisen, zum aufpassen auf
die Ordnung das jeder soll ingehen

Foreword

This work is dedicated to the memory of my family who, along with millions of others, suffered complete helplessness, loss of liberty and dignity, degradation, hunger, deprivation and loss of life at the hands of the Germans of the Third Reich.

What cannot be forgiven, among many other things, is the instilling of hatred and the desire for revenge I found within me. While in the camp I dreamed in great detail of all the ways, I would punish our tormentors when I was free. But once free, the only Germans I came to know were the political prisoners liberated from Buchenwald, who had been themselves persecuted by the Nazis. Where were the killers, the perpetrators of all the atrocities? Where were the millions who raised their hands and supported the system with their screams of "Heil!"? Suddenly no one had ever been a Nazi. Nobody had known what was happening to us.

My family, when I was a youngster, functioned in the following way: father was the head of the family and the breadwinner, mother was the head of the home.

Mother was the one who took care of food and drink, clothing and appearance. Mother was nurse and healer in my house. Mother was also the religious instructor. She was the one ready with vocal praise – always rooting for us. Her children were the greatest kids in all the world and we felt we were the best loved children in all the world.

Father had a small business; he was successful in his trade and a good provider for his family. He was interested in politics, read a great deal and loved to listen to music. Father loved and cared for his family.

My sister, Razel, was about five years older than me and very mature for her age – sensitive and deep. Razel often spoke to me about serious things, the mentality of the *stetl* and how she prayed that we would move to a bigger town some day.

My brother, Velvel, was about seven years old in 1939, a happy-go-lucky kid, going to school, playing, biking, fighting with his friends.

And I was always the big brother who would help. I loved them all, but Velvel was my favorite.

Eshele, my baby brother, was born in 1941; he was not planned, and I felt embarrassed as a "young man" that my mother was pregnant. All of that changed drastically when Eshele came into this world. He took our minds off our day-to-day worries and suffering. Eshele was like the sun that shines through the darkest part of the forest. In his short life of about one year he got much love! And when the end came, Eshele was too young to understand or fear what was happening.

I want to honor the parents, the elders in a world gone crazy – the unsung heroes – who in a quiet and dignified way tried in vain to do all the things elders and parents are supposed to do: to nourish, protect and shelter the young against a society organized to kill them. They did not have a chance, so they were there for their offspring with their concern and love. When possible, they were calm on the outside – and bleeding to death inside.

When the war was finally over and I was free, I thank God that I was more concerned with carrying on and building a new life, rather than planning revenge. It was not easy but the desire to live and to carry on was greater.

I married Betty Jacubowicz, also a survivor of Auschwitz, in 1948, in Switzerland and together we raised a family. Today I am blessed with two great "kids" – a son and a daughter and four grandchildren – all living in Israel, the Jewish homeland which, in my opinion, came into being as a result of the Holocaust.

I, myself, after being divorced in 1978, share my life with L. J. L. – another Holocaust survivor, and often I wake up with the words "life is good" on my lips.

Special thanks to Charlotte Weber, Liesl J. Loeb, Monika Bucheli, Lutek Hamburger, Marian Zuckerman and last but not least, my daughter, Michele Perkal Marchand, without whose encouragement this writing would not have seen the light of day.

Max Perkal
Philadelphia, USA – July, 1995

The Last Twenty-four Hours in my Hometown – The Pruzany Ghetto – end of January, 1943

By Max Perkal[1]

It is winter. We are cold, we are hungry, but as of now the whole family is still together.

The ghetto is being sealed off. No one may come in or go out.

Rumors are on the increase, and there is talk of resettlement and evacuation. People huddling together in small groups on the streets speak softly and have a grey look about them.

There is no reason for hope but nevertheless, one hopes.

At night we are not allowed to stay outside. When it gets dark we go home.

Nobody talks about eating; we have no appetite. Only my little brother gets something to eat.

We are gathered together, sitting or lying, on my parents' bed. No one is sleeping. It is freezing, and we are wearing outdoor clothes, not only because of the cold, but also to be ready in case we have to leave quickly.

None of us speaks – each is engrossed in his or her own thoughts.

My father, who was always seeking to console – tries once more to calm us – he speaks of the cultured German people, who are not capable of that which we so fear!

I don't think he *believes* what he is telling us – but that's my father.

The night passes very slowly. There is a great deal of commotion outside – the noise of people and motors. Morning comes at last, and with it the command to prepare small packages – food for twenty-four hours – and to report to the market square. There we find empty trucks and also sleds, as well as many SS men. We are to be transported to the railroad station, which is located twelve kilometers from our town.

---

1 Delivered at the launching of «Gegen den Strom der Finsternis» by Charlotte Weber, on May 18, 1994, in Zurich. (Translated from the German)

My family is motioned to a sled, but there is not enough room for all of us. Two of us must run alongside.

The journey begins in the evening. I look back at my hometown, the town of my birth, at the seventeen years I lived there, many of which were full of happiness and contentment.

As the town vanishes from sight, so too my hope vanishes.

Outside was beautiful...

translated from the Yiddish/German by *Liesl Joseph Loeb*

Whenever I recall the terrible night I had to part with my nearest and dearest, I feel great pain. This were the early hours of January 29, 1943. After three days locked up in cattle trucks we arrived at the gates of the dreadful Concentration Camp called Auschwitz, which is known throughout the world for its terror and for being the "resting place" of over four million European Jews.[1]

The train began to slow down. When it came to a complete stop and the doors were opened, the first thing we could see was a brightly lit area, completely surrounded by SS men with big SS dogs. It seemed as though a gun was not sufficient, because each of them also held a large, thick club in his hand. The command was given to hurry and to leave all our belongings behind. All this had to be carried out fast. As quickly as possible, my father and I got out of the cattle truck. The first thought that came up to our minds was to find my mother, my sister and my eleven-year-old brother; who, in accordance with SS orders, had traveled in another truck. We were fortunate that we found each other by the time everyone had left the train. The whole family was together. [My mother was holding my youngest brother, an eighteen-month-old baby, in her arms.] Together we marched to the most brightly lit area. That was the place where the so-called SS Obersturmführer and universal murderer, Schwarz, used his forefinger to cast judgment on each person. One group were pointed in the direction of life and the larger group in the direction of death by gassing.

On the way to the so-called "Selection Place", they separated the men from the women and children. The separation had to be accomplished very rapidly. It was accompanied by heavy SS clubs which, systematically and with calculation, rained blows onto the

---

1 In fact about 1.1 million Jews and about 400,000 non-Jews were murdered in Auschwitz. «Four million» was the figure given by the Russians for propaganda reasons.

heads of these wretched souls, of these poor human beings whose lifespan would come to an end after this terrifying night. My father and I went to one side, my mother, sister and brothers to the other side. We did not have much time to take leave of our loved ones. The one thing the Nazis could not forbid was to look. I looked at my mother, my sister and brothers for such a long time, that I did not notice a heavy rap on my head from an SS club.

And then, dragged along in the crowd, my father and I found ourselves face to face with SS man Schwarz. "How old are you and what is your occupation?" His biting voice was directed at me. Hardly thinking, I answered: "Nineteen years old, occupation mechanic". Gesturing with his hand, he then pointed quickly in the direction I should go, whereas my father he sent in the opposite direction, which meant death.

Remaining by myself in the middle of the square and not having much time to consider things, the following thoughts raced through my mind: they took away my mother, they took away my sister and brothers, and now they also want to take away my father? No! And not thinking any further, with the help and strength of my nerves, I ran towards my father. I don't quite remember how this happened and how it was possible. I only know that I embraced my father and with all the heartfelt affection of a seventeen-year-old son I began hastily and wildly kissing my father. He started to calm me down a little. But this was all a matter of moments.

The SS men who were assigned to keep order and to see to it that everyone went as directed, immediately took note. Roaring wildly they ran towards me and began to beat me mercilessly. Constant and rapid blows rained down on my head and back. They did not spare my father either. But after a while they left him alone. Accompanied by an SS dog, they took to join a few dozen strong, young men already chosen by the SS Obersturmführer. By the time I arrived at the assigned place, the pain of the beating had begun to subside.

By chance I found myself standing in the same row as my school friend, Wolf Janowitsch. He took my cap off my head, opened my coat and began to massage my face with snow. After a few minutes

I came to. I felt a little better, to the point that I could account for where I was and what had happened to me a few minutes before. I began to look around. The following picture presented itself: Behind me was the large mass of people who had not yet passed through the selection. In front of me, to the right, the mass of men, women and children who had already undergone selection and who were not fortunate enough to continue the fight. We stood on the left side; that meant we were strong enough to work and were thus certain to enter the camp. Also to the left in front of us stood young women, but only a few, who were destined to enter the women's camp at Auschwitz. (It is a fact that Auschwitz had two to three camps for men, a few women's camps and one family camp where there were Czech Jews from Theresienstadt. This concentration camp for families was entirely eradicated at the end of 1944. There was also a concentration camp for gypsies in Auschwitz, which was liquidated at the end of the year 1944.)

In the area to the right, where the majority of people found themselves, trucks were arriving, one after another, driven by SS men who took the victims to the crematorium. Bitten by dogs and beaten by the SS men, these poor, innocent people had to board the trucks. No one who did not witnessed this, can possibly imagine this scene.

And as I stood there, watching the scene, I felt my face become heavy and wet. Bitter tears began to trickle from my eyes – tears for my nearest and dears, tears for the destiny of the entire Jewish people. And then I began to think – what sins did the Jewish people commit? What had they done to deserve such an end? What was the fault of the little children who were so brutally and in such a bestial manner torn from their mothers' breasts? I could not under-stand. Even now I don't understand. Even now, after Hitlerism, which represents anti-Semitism at its most extreme, has been eradicated – even now, when there are so few Jews remaining in Europe, anti-Semitism still exists! But I don't want to touch on politi-cal questions. I want to return what happened during that terrifying night.

And so, standing and watching, a dreadful thought was going

through my mind – this thought racked my brain and gave me no peace, neither then nor later on in the camp. But it was at its most painful in the beginning. It was the thought that I would never again see my dear and devoted parents; the path between them and me was closed off forever. Less than one hour ago we were still together. And now I find myself in a place, densely surrounded by SS men, together with a few hundred young people selected from among 3000 Jews. So what can I do? How can I help? I bit my lips and decided to fight against all the hardships I would encounter in the camp. (I already knew, more or less, that life in the German concentration camp was very difficult.) I would try, at all possible, to survive the war, to witness the demise of Hitlerism. (I was convinced it would come to that, in spite of the fact that the German troops had penetrated so deeply into Russia.) And then there would be vengeance for the innocent souls of the Jewish people whom the Germans murdered in such a hideous and bestial way.

In the area where not long ago there had been 3000 people, the crowd slowly thinned out until the moment when only those destined for the camp remained. Even the dead, those who were beaten to death in this short period of time, had been loaded onto trucks and taken to the crematorium. This work was performed by prisoners of the so-called "Sonderkommando" [Special Work Detail]. These prisoners had to do the clean-up work when the transports arrived, and the same unit later had to burn the gassed corpses of these innocent, poor people.

Everything all around has become quiet. But in the distance one can still hear the crying and screaming of children and the sobbing of young women, echoing throughout this frightful, sinister night. Even if you heard it, you could not help.

In the meantime the SS man, Schwarz, had left the square in his black limousine. The rest of the guards formed a human chain around us, and under strict supervision marched us into the camp. With every step we came closer to the camp, and the screaming and crying got louder. We knew that the shrieks were the last sounds made by the hapless victims. And then – suddenly – there was silence again.

After marching for some time we arrived at the camp. They took us to the bath house where we waited in line until those in front of us were finished with the disinfection and showers. For some time yet the sound of the cries of the innocent victims drifted our way. We stood quietly and none of us was able to bring forth a sound. Each of us stood deeply involved in his own thoughts and mourned his dear ones, the beloved families who only a short time ago were alive. Slowly those cries were stilled, and with the arrival of the first rays of early morning light everything around us had become silent. In this short night the Nazis had condemned 3000 Jews to the gas chambers.

As the light of the last stars was extinguished in the sky, the last pitiful victims, people from our transport, were extinguished in the crematoria of Auschwitz.

In the early morning we also finished with the disinfection and showers. All body hair was roughly chopped and shaved off. They smeared a powerful desinfectant, Naphtha, onto the parts of our bodies which were bleeding. After this we were immediately transformed into new beings called "Häftling" [prisoner]. After a cold shower which lasted half an hour, each of us received a jacket, a pair of pants, a shirt, a pair of undershorts and a pair of wooden shoes. That was the entire outfit. The people looked very funny, but nobody was in the mood to laugh. A tall man had received a very small pair of pants and a small jacket. The upper half of his arms was covered by the sleeves, and a good part of his legs stuck out of the pants.

After the distribution of clothes, they brought us to a wooden barracks. It was without heat and without light. They did not let us rest there for long. After half an hour they ordered us out for roll-call. Everyone had to move at the double and line up quickly. The entire ceremony was accompanied by blows from a club. After the SS Block Leader had counted us and the roll-call was over, we stayed outside for about another three hours, during which time they began to teach us the Torah [law] of the camp. Among other things, we realized how hard life in the camp was for the Jews. They also said, that if one can survive for one month, one can be called a hero. For the most part they told us, "You Jews will be destroyed within the period of one week". We learned that the worst thing was the so-called "Dolmetscher" [interpreter]. This was a club, or rather a rubber cudgel, with which prisoners were taught when they did not quite understand. With the help of the interpreter everything was explained.

After a day full of instruction and warnings, there were over 30 dead men in our block. They all were murdered by the Block Elder and the "Stubendienst" [barracks supervisor].

The first night was equally horrible. Pressed together in a heap we spent our first night in the concentration camp on the floor of the wooden barracks feeling both feverish and frozen. Most of us did not sleep, each one pressing against the next, trying to get warm while wondering if and how survival would be possible. Many decided to give up the fight – that is, they were resigned not to go on with their life. Not stopping to think too much, they went to the exit of the barracks, and, before they could take a few steps, they were under fire from the SS guards, with the result that they immediately fell down dead. That was one group.

The second group felt so weak as a result of the cold and the beatings which they had endured the day before, that, without saying a word and without weeping, they died on the wet, cold floor of the concentration camp barracks.

In the third group, to which I belonged, each person calmly and silently considered the situation in which he found himself. In spite of the fact that these considerations inevitably led to pessimism, I stuck to my decision: fight and fight again rather than allow my courage to be beaten out of me, because "If you lose courage – you lose everything".

And so, engrossed in my thoughts, thinking and remembering everything that happened during the past night, I fell asleep. But I could not sleep for long. I dreamed of the square yesterday. I saw the SS man Schwarz with the black rubber cudgel in his hand. I dreamed of my parents and my brothers and sister, who were still alive barely twenty-four hours ago, and now all that was left of them was a small amount of ashes. And with this thought a second thought came into my head: Why am I better than my parents?

Why should I be better than the 3000 people whom the SS killed during the past night? Why am I alive and others are not?

And then I came to the conclusion: No! I am not better than them; and I do not need to live. I wanted to get up and run to the door and put an end to my physical and moral suffering; to put an end to these bad thoughts, which surrounded me like ghastly spirits. Shattered and half frozen I lay there on the wet ground, and just at the right moment good thoughts came to me. I remembered the promise I hade made to myself – to fight and not to give up.

This was a long night. Calm and still we lay there, the stillness interrupted only by the sound, carried back to us, of the single shots from SS weapons, which, with each burst, extinguished the life of a human being. Then everything around us became quiet again. I only heard the heavy breathing of my comrades, who lay next to me.

And so too this night eventually ended. It was exactly four o'clock when the murderers came running into our barracks, screaming wildly: "Everybody up and outside for roll-call!" They fell upon us from all sides and beat us mercilessly with their clubs, causing terror and death. After a few minutes we were all outside – that is those of us who still had the strength to run. And there we again lined up, just like yesterday, for the roll-call. Many of us remained in the barracks, having no strength left to get up and go outside. The "Stubendienst" murdered them. While we were standing on the roll-call square, we saw how they carried out our murdered comrades from the barracks, loaded them onto a cart and took them to the crematorium. The crematorium was approximately two-to-three hundred meters away from us. We were in the so-called "Gypsy Camp". It was our quarantine camp and at the same time an extermination camp.

Across from us was the so-called "Birkenau Work Camp". Looking over there, I could see what was happening to the prisoners. They treated them just like they treated us. In spite of the fact that they had to work all day, they received their portion of beatings every morning. When the roll-call was over, the command was given, "Work detail line up!", and they marched out of the camp from all sides. Most of the people worked outside, building roads, breaking large rocks into small stones and doing street layout work. Some people, too, worked in the "Sonderkommando". They were the first to leave the camp, so they could relieve the night-shift. The so-called "Sonderkommando" was the best detail in the camp. They had the best conditions. The most important item in camp was food, of which they had sufficient amounts.

Following the "Sonderkommando", the "Kanada Kommando" [Canada Work Detail] left for work. This was a detail of men and women who worked at the "Kanada Platz" [Canada Place]. This was the area where they collected the packages and the belongings of the unfortunate victims. The "Kanada Häftlinge" [Canada prisoners] opened the packages, sorted the things and brought them to the SS storehouse. Trucks also brought the clothes that people took off before they were gassed to this "K. P." [Kanada Platz]. From this "K" place, transports with clothes were shipped daily to Germany. Money and valuables were also transported to Germany. It was good to work in this detail because here too the prisoners had enough to eat. While they were marching off to work, and coming back, an orchestra of prisoners played.

After the work details left, cleaning up began in the camp. All those who did not go out to work, were assembled in front of the gate and marched off to the gas chambers, accompanied by the SS. Those who can't work don't have the right to live. Fewer people – more bread.

But one group of men, who did not go outside to work – the stronger ones – were far more lucky. Their work entailed collecting the dead bodies in all the blocks and taking them to the crematorium. There were over 1000 corpses each day in Birkenau Concentration Camp. At that time there were between 20,000 to 25,000 people overall in the camp. This camp work detail also had a night-shift because in the course of a day they could not possibly remove all the dead bodies. Passing a pile of dead bodies often one could hear a whispered cry for help. Such sounds came from the mouths of people who were not quite dead, and still they were taken to the crematorium. It was so horrible, so horrible.

And now I want to return to our camp and to what happened after the roll-call. The first thing we had to do after roll-call was exercise: run, lie down, roll over, get up quickly and so on. This was supposed to express their sympathy for us – that we should not freeze from the cold. These exercises were also accompanied by the club. Woe betide the person who missed, or did not carry out quickly enough, one of the exercises! After this sports session we received some food which consisted of one liter of coffee for five people.

After this "food" we had to line up in fives and go over to the prisoners' office. There each person was listed and a number was tattooed onto his arm. When that was all finished we returned to our block. There we received a piece of bread and margarine. A large part of this small provision was stolen by the Block Elder and the "Stubendienst". The majority of them were Germans who wore the green "Winkel" [a green triangle – part of the tattooed prison number], which meant professional criminal.

For them Auschwitz was not their first concentration camp; the majority of them had already spent over ten years in various concentration camps and penitentiaries. And these bandits, who had the lives of many people on their conscience from their days of freedom, were our supervisors and food distributors. Many times we heard from our Block Elder: "If you will not submit to discipline and obey, you will experience what my wife and daughter ex-perienced with me; I slit their throats with a razor." That was why he was imprisoned. Nineteen forty-three was his sixteenth year of imprisonment in various penitentiaries and concentration camps. And now you can imagine what we had to suffer with these people – with bandits through whose hearts flowed only murderous blood. And so the second day passed and the second night came. During this night the comrades who could not sleep heard the wailing of men, women and children. That was the second transport from our town. They did the same with them as they did with us. Between 250 and 300 people came into the camp and the rest they gassed. All night long I heard the rolling of the wheels on the street. The street was situated about twenty to thirty meters from our block and it led directly to the crematorium. This night was one of the most terrible for me. But it, too, came to an end. In the morning when they drove us out for roll-call, we could see already from a distance the arrival of our acquaintances from the second transport whom they had allowed to live. Just like us, they were disinfected and showered on arrival. That was the second transport. During the next two days another two transports arrived from our town. All together, with these four transports, approximately 1000 people came into the camp. The other 9000 were gassed and burned.

The second day was exactly like the first. We did not go to work. We passed the time with exercises, roll-calls and selections. And so one day succeed another. Every day presented us with many deaths, and those who were still alive became weaker from day to day. And so seven weeks passed. In the meantime, transports from Holland, Czechoslovakia and from Germany – from Berlin – arrived in our camp. On the sixteenth of March, 1943, our camp could count approximately 1000 people among whom about 200 people were from our four transports.

And then the event arrived that we had so feared so much. Our quarantine had ended and we were to go to the work camp. On the seventeenth of March, 1943, about 800 people from our group were assigned to Auschwitz. The other 200 were taken to Birkenau on the eighteenth of March, 1943. After a superficial examination by the SS doctor, and a cold shower just like the one we had when we first arrived, the "Arbeitsdienst" [labor service] assigned us to various work details, and right after that we were led to the corresponding blocks. (Each work detail had its own block.) Many of us were assigned to road building, many to the road grading detail, to breaking up stones, and to other work. I, together with two comrades, was assigned to the horrible and infamous S. K. (Sonderkommando).

When we arrived in our block we immediately received something to eat. After dinner came the evening roll-call, and, when that ended, we went to sleep. This night was also a very sad one for me. I was very afraid, because during the seven week stay in the gypsy quarantine camp I had lost 23 kilograms. Emaciated and without strength, I could not imagine at all how I could work. And then I thought: now the time has come for me too – like my friends and comrades who had lost their lives back in the gypsy quarantine camp. And with these thoughts I fell asleep.

The night passed very quickly. Early in the morning, when we got up, we could hear the "Stubendienst" call us. (In camp no one ever called out names, we were called only by number.) We reported to him immediately, and solicitously he took us immediately to roll-call in the appropriate area. It didn't take long before the music began playing and we were the first to leave for work. After a ten minute march we found ourselves in the yard of the crematorium that was located in the forest on the right hand side of the street. After the detail leader had counter us, everyone disappeared to do his work. Only the three of us remained available in that area and waited for them to give us work. For the time being, we were assigned for one day to the truck detail. The work consisted of riding to the family camp to collect the dead bodies from the block and drive them to the crematorium. I did this work only for one day. I was off the second day, and the evening of the twentieth of March, 1943, I reported for the night-shift S. K. (Sonderkommando).

That is when the worst began for me. As soon as we arrived at the crematorium area, there came the immediate command: that we should come to the ramp right away because a transport had arrived. We immediately lined up, and, accompanied by the SS, we marched to the place where we had arrived not quite two months ago. As we approached that area we saw a long freight train in front of us. Unfortunate people, most of whom had already been sentenced to death, were getting out of the trucks. This was a transport of Greek Jews from Salonica. The train consisted of 30 to 35 trucks which were overcrowded with people. The entire trans-port consisted of approximately 5000 human beings. These poor people disembarking did not expect such a reception, and so they were quite desperate. It all looked horrible. Many of them tried to run away, but the SS gun put an instant end to their pain. A large number of them fainted, and the SS beat them to death. Only a small group behaved well and kept themselves under control.

When I saw that, I went to pieces, but luckily I recovered instantly. But my heart was very clouded-over when I began to think about the destiny of these poor innocent people. I saw before me young men, young women, small children and older people as well, and most of them were sent to the right, which meant to the gas chamber. Only a very small group was assigned to the camp by the SS Obersturmführer. In this instance I can reveal that almost all of them were taken in trucks to the crematorium. And while I am running with packages or suitcases in my hands, I am watching all of this.

And while I was working like that, various thoughts came to my mind. I recalled the January night when I was together with my parents and my brothers and sister; that night when these bandits robbed me of them. It is too frightful and impossible to describe. (If this piece of paper could talk, it would surely tell you more than my words.)

And as I was carrying the packages from the already empty rail cars, I thought: How much effort and how many years of work did it take you to accumulate all this? And now they are robbing you of all that you have in only a few minutes! And your life, your poor life, the most important thing of all, they are robbing you of that as well! They don't want to hear you out, they don't want even to think about what they are doing to you. They are not paying attention to the lamentation of the mothers whose children are being snatched away; they don't look upon the children whose families they have torn away. I look upon them and think: Oh, you poor souls, oh, you wretched people who are sentenced to death – how many of you never had a chance to enjoy life? How many of you have had lovely plans for the future and now innocent you must perish. Oh, you unfortunate people, what fault of yours is it that you are Jews – oh, you poor infants! What fault of yours is it that you were born with the name "Jew" – that your parents are Jews! And for that one thing you now have to pay with your life? How many unfortunate people have already had to give up their lives before you here in Auschwitz, and how many more will have their turn?

And who can help you? Who can hear your weeping and your screams? Who feels for the poor young mothers from whose hands their infants are torn and dashed against the wall? No! You cannot believe it, but I believe it, because I saw it with my own eyes! Who can help you? Those who could help you are so far away that they can't hear your cries and your weeping. And those who are together with you, they suffer with you, they listen to everything, they feel for you, but they cannot help you. They know what awaits you, but what can they do? They are too weak to stand up against the murderers. No, that does not make sense, that cannot help us. The SS is too strong and too deadly are the bullets that up to now have always found their mark.

Oh, you hopeless people – at the same time as you are standing in line, ready to mount the trucks which will take you to your destruction – at this same time, in this same night, not far from this terrible place, in the SS building, there is theatre, there is singing and dancing. There these terrible beasts are enjoying themselves after their daily work! It does not occur to any of them to feel sorry for the unfortunates. How can they feel sorry for you when that same day they robbed somebody of his life? And now, closely surrounded by women, the tables covered with Schnapps and other liquor, they sit and while away the time. And the thought does not occur to them that the day of reckoning will come for them as well, and perhaps their end will be as gruesome as the end of the Jews of Europe.

They do not think about that, but I, I will never forget it because that is my only hope. I know too, and am convinced, that at the same time, during this very night in which innocent human beings are being murdered by the thousand in Auschwitz, over there, in the depth of Russia, in far away America and in England, munitions are being produced that will destroy all your Germany and your Hitlerism. Then you will pay for everything, and then it will be your turn. You should try out how it is to die; how it is for a healthy, young and vigorous human being to go into the gas chamber and be turned into ashes. You are not thinking of that now. Perhaps you imagine that your Hitlerism will last forever. No! Oh no! For you, too, the end will come, but who knows whether we will still be alive by then. Oh, you unfortunates! I now see before my eyes you who are sentenced to death; you will certainly not live to see this.

And so, I am running back and forth with suitcases in my hands while thinking about how many unfortunate people are still asleep in their homes, how many Mamas are now still together with their children. And tomorrow perhaps they might find themselves here in this horrendous place where only a small number of people will survive. During this time, while we were collecting the packages, the trucks were carting the people away from the square.

And now I will tell you what happened to the people when they got off the trucks. Disembarking from the trucks, they found themselves in the yard of the crematorium where rows of lovely young trees were growing. In the middle of the yard there was a large building with a gigantic chimney towering out of its center. And the smoke of approximately half a million people had already passed through that chimney. Immediately after they had all left the trucks, they were chased down broad steps, about three to four meters wide, into a cellar. As they came down the steps they found themselves in a long, narrow corridor. On the right hand wall of the corridor was a sign with black letters, reading "Bathhouse". The first thing one could see upon entering the large hall, was many, many clothing hooks which covered the walls all over. Against the walls stood benches where you sat when taking off your shoes. When the hall was full, a door opened up and the so-called commandant of the crematorium came in. In a few words he explained to the people that they were going to bathe. Each was to undress completely and hang his things neatly on one hook. He told them to put their shoes underneath their clothes so that each one could dressed on return. Then he left the room.

After a while everyone in the large room was undressed. Then a door opened through which came many SS men with dogs. And they chased the naked people in the opposite direction. On this side as well, a door had been opened, which led to the gas chamber. Only now were the unfortunates aware of what was going on. Now sounded the actual cries of desparation. Many began to say the "Vidui" [a Hebrew confessional prayer]. Many fell down unconscious. But after a very short-lived resistance the whole crowd was chased into the large gas chamber. Many of them were bleeding from the bites of the SS dogs. When the gas chamber was full and the doors were locked, gas was released from above. That was the so-called Zyklon-B gas which was brought by car load from Hamburg to Auschwitz. After ten to fifteen minutes, all those in the gas chamber were dead. And then the gas chamber was cranked up to the first floor surface where the ovens were situated. After the gas chamber had been raised, the doors were opened on both sides; but before they were opened, ventilators cleaned the air. Looking into the gas chamber, one saw a hideous picture. Hundreds of dead human beings stood pressed together, one against the other; the faces of some were blue or light green. The majority of them had their mouths wide open with their tongues out. That was a sign that they had choked to death. Some of them were swollen. Mostly, the small children had become swollen from the gas. After the gold teeth had been pulled from the dead, and the long hair of the women had been cut off, all were taken to be burned. As the bodies in the ovens began to burn, one could see the tongues of fire, which rose from the chimney towards the sky, extending to a radius of tens of kilometers. They flickered into the dark night and illuminated the entire area. It looked as though the tongues of fire wanted to speak, but not many who saw the fire understood what it was saying.

When morning came, more than half of the transport was dead. And when the day-shift relieved us we returned to the camp. Coming into the block, I immediately threw myself onto the bed. We then received something to eat, but I was completely wrapped up in my thoughts and the terrible images that I had seen during the course of this night. And as I lay on the bed, physically starved, with a broken heart, I slowly began to cry. Torrents of tears, which were mixed with blood, flowed from my eyes; tears which cried for the destiny of the Jewish people, for those who up to now had already perished and for those who, within the next weeks or days, would be brought here to be destroyed. I cried also for my own fate. Why, compared to them, did I as yet suffer so little, why am I working with the "Sonderkommando" to see those awful scenes; to see the healthy young people – women and men, small children – and all of them driven to death like sheep. Horrible! It was horrible.

And then I decided to fight with all my strength to get out of the "Sonderkommando".

With these thoughts I fell asleep. It was an awful sleep full of images of the past night. I saw in my dream figures of many people who looked at me and I read in their glance that they were begging for my help, that they called and screamed "Rescue us! We are still so young, we don't want to die yet!" And I, who also was sentenced to die, just as they were, could not help at all. In my dream I spoke to them. I defended myself: "Oh, you unfortunates, believe me, I understand you – you don't want to die, you are young and want to live. But believe me, I cannot help you. If I could have, I would certainly have helped you. I am a poor soul just like you. My whole family was murdered by these bandits as well, and how long I still have to live is something I don't know either. I cannot help you, no – I am too weak to do so."

And at the same time that I slept in my block, the rest of the people from the transport were being burned in the crematorium. The trucks, the very same trucks which took the people to the crematorium, now brought back their belongings to the "Canada Place". The packages which lay on the ramp were also brought to the "C. P.", where they were unpacked and neatly stacked in the SS supply room.

My sleep was quite short. The day passed quickly, suddenly it was evening. Not having slept well, broken up and tired from the night before, I reported for work. I worked hard and bitterly this night also. And again tired and broken, I came to the block early in the morning and again with the same thoughts. But I had decided and stood by my intent to fight and fight again; and the fight was not so easy.

Hundreds of people were killed in our camp every day. Hundreds of dead bodies were piled up in front of Block Seven. Block Seven was the so-called "death quarantine". That meant the sick and those inmates who were no longer able to work were assembled and thrown into this block. There they received nothing to eat and nothing to drink. They remained there until they were dead. The windows of this block were covered with iron grates. Looking through the window, one saw a ghastly scene. Hundreds of sick, weakened human beings were waiting for death. The majority of them were lying on the floor because there were no beds. Some moved back and forth from one wall to the other. Round and round go their steps as they measure the time they have left to live. Every day hundreds of corpses were carried out of this block and just as many new people were brought in, so that the number of inmates did not change. On many occasions, among the dead being carried out, there were people who were still alive; they only looked as though they were dead. Even so they were taken to be burned.

Many times they did not put the sick into Block Seven, but brought them straight to be gassed. But in this period there was no room in the crematorium to gas them, because the gas chamber was overcrowded with transports of Jews from all over Europe. Frequently, passing Block Seven, one could see various inmates in the window. Their faces looked pale and half dead. Still and quiet, they stood at the window with faces glued to the grating. Thus staring outside, they waited for death. Only their eyes – I will not forget their eyes, which had much to say. They stared into the distance while they thought of something. A passer-by would not have believed that they were sentenced to death at all, for they stood there so quietly. But I understood the expression in their eyes. They looked out into the distance, waiting for help, knowing for sure that no help would come. They were like sailors looking for the last time up to the sky, while their ship is sinking quickly.

Oh, you ill-starred people! For what purpose were you born? Did you ever think that your life would end in this awful way? People want to help you but they are far, far away from here. Those who can see you cannot help you. Those who would like to help you, they cannot possibly imagine what it is like in here! Only those who are here together with you know the real truth and they suffer too, and feel with you. I turned over such thoughts constantly in camp. I worked another eight nights and one day in the "Sonderkommando", and then I succeeded in getting out.

From Birkenau I came with a transport to Auschwitz. That was at the end of March and there I remained until the eighteenth of

January, 1945. That was the day that the entire concentration camp was evacuated because of the danger of the approaching Russian troops. [It turned out that those too weak and sick to go on the death march remained behind.] During this time I suffered many difficult and sad moments. Until approximately July of 1943, the conditions were horrible – the same as in Birkenau. From July 1943 on, our situation began to improve somewhat. It was not much better, but one could feel a change.

One of the saddest aspect of camp life were the so-called "Selekzies" (selections). This was what happened: they always took place after evening roll-call. First came the command for all inmates to leave the roll-call square except for the Jews, who had to remain. Then we understood that something was wrong. After that, the second command was given to undress completely – even our shoes. Whether it was summer or winter, we had to stand in rows and wait until the selection began. One after the other, by block, we came to the roll-call square. The camp doctor stood in the middle of the square, together with many SS men. When all the preparations were completed, they began by calling Block One. That meant that the Jewish prisoners from Block One had to march up. One by one the naked prisoners had to march by the camp doctor. After one glance at the prisoner, the camp doctor pointed in the direction where the inmate should go. If he pointed towards the right, it meant that he considered him still able to work. But if he directed someone to the left, it meant that the inmate was no longer able to work. And those inmates had no right to live in the camp any longer. Now, knowing more or less how and why such a selection took place, you can imagine the heartbeat of an inmate ten steps away from the selection table. Walking slowly, various thoughts went through my mind: In which direction would he send me, to the right or to the left – and my entire future depended on that.

And so I imagined that when I came to the table he would direct me to the left. And I would stand there together with my camp comrades who were also directed leftwards. I would stand there and with sorrowful eyes look into the depth of the night. I would look up at the sky and at the stars and I would think how beautiful nature is, how beautiful the night is and how evil human beings are. Oh, the sky and the stars – I see them now for the last time. Tomorrow morning, when the sun comes up, the wind will already be carrying away the remains of my body in the form of smoke and ashes out of the chimney of the Auschwitz crematorium. But I only imagined this. Not once did I find myself on the left side, otherwise I would not be alive now. I passed such selections about twenty-five to thirty times, and I was always directed towards the right side. But imagine my heartbeat one second before the direction that I should follow was indicated, and now, my heartbeat one second later, as I ran with my things under my arm in the direction of my block. I ran into the block where I met my comrades. We said: One more time we escaped the hands of the devil! Who knows whether he will snap me up the next time! But now I don't want to think about it, now I have to go to bed quickly, there are only a few hours left until daytime, and first thing tomorrow morning I have to go to work.

As I lay in bed, silently, with plain words I mourned the destiny of my unfortunate comrades who had been directed towards the left side. With simple words, straight from my heart, I gave thanks for the good luck I had this past evening.

I also thought that we would now have a few weeks off and that things could perhaps change by the time of the next selection. And with these thoughts, not willing to think of the worst, I fell asleep. After a short-lived sleep of two to three hours, I had to get up and go to work again. When I arrived at the courtyard early in the morning where our detail had to present itself, I found, instead of 120 comrades, only 80. The other 40 had been deemed unable to work by the camp doctor last night. Our "Kapo" [prisoner in charge of a group of inmates] saw this of course and immediately went to the "Arbeitsdienst" [work supervisor] and brought 50 other inmates back for work.

And now comes a day with the so-called "Canada Work Detail". Right after the orchestra began to play, we went out to work. After a ten-to-fifteen minute march we arrived at the "Canada Place". As we came in, we found many packages there. The night-shift had not been able to unpack them. After a glance across the square I noticed right away that a transport had arrived during the night. Quickly we went to work. It occurred to me, as I looked across again, that many of the condemned were still alive, because no trucks, which bring back the things back from the crematorium, could be seen at the square. Around ten o'clock I noticed the first trucks, which were driving up to the place. The trucks were completely filled with things – underwear which the poor souls had taken off not quite half an hour before. Now they are not alive anymore; now they are surely dead and already the wind is carrying the odor so familiar to us (crematorium odor) over the surrounding forests and fields. Quickly, we climbed onto the trucks and threw down the clothes. There were various kinds – women's, men's and children's things, belonging to rich and poor. And now destiny united them. The outer clothes too, without any organization and sorting according to quality had been thrown onto the trucks. Quickly, we had to throw the clothes down from the trucks, so that they could drive back and bring the rest. Frequently, while unloading, I could feel the warmth of the human body who took the clothes off only half an hour before, and now? Now he is no longer alive! It is horrible to allow such thoughts to enter one's head.

I thought often about taking an identity card out of the pocket of a specific jacket, opening it and looking at the picture of the person to whom the document belonged. And I would begin to whisper softly, as if to myself, to the picture: Oh, you unfortunate victim to whom this identity card belonged, oh, wretched one whose picture I hold before me! Could you imagine one half hour ago that you would never put on these clothes again? That within an hour you would be dead? Did you think that a person whom you did not know and whom you will never meet, will cry for you, will mourn you, will pity your destiny, will hold your still warm jacket and cry and mourn you just as he mourns the destiny of hundreds of thousands of people who lose their lives here? I see the year he was born – 1912. Oh dear, you were still so young! Surely you were not ready to die.

Innocent, innocent and unfortunate people! And now you can begin to imagine how much pain and how much suffering was borne by the inmates whose various work assignments were connected with the transports and the belongings of these human beings, who were being slaughtered in large numbers. But I did not work for long with this detail. Even though the working conditions were good, after long and strenuous efforts, I succeeded in leaving this work detail also. I felt that my thoughts while doing this work would destroy me.

I was then assigned to the so-called "Kommando SS Unterkunft" [lodging]. Those were the storage areas where the various items, laundry, bed linen, etc., were delivered from the "Canada Place". Our duty was to sort and pack them into packages of ten, fifteen or twenty, which were then sent to Germany. This work detail was not so bad. The living conditions, as well, were bearable – meaning – they did not beat us so much, and there was a little more to eat than elsewhere. I did not work there for too long either.

This was December, 1943, when our numbers were reduced and one hundred men were removed from this unit. Since I was registered as a machine mechanic, I was assigned to the Union work detail. "Union", that was a munitions factory, where approximately 1800 prisoners worked – men and women. The work there was hard, very hard. One had to stand twelve hours a day with a bent back and work, and with this work we produced ammunition for our greatest enemy. Often, catastrophes happened. Many times at work, the gigantic machines sucked in somebody's hand. Many times the heavy stamping machines came down onto the legs of an unfortunate prisoner.

Without taking consideration that the work was hard and the prisoners got so little to eat, there was a production quota that had to be met every day. The quota which the prisoners had to meet was the same and often larger than the quota for the German civilian workers. Now, imagine, was it possible for a hungry, sorrowful and starved prisoner to meet his quota of work? If the assigned work was not carried out, the prisoner was beaten or sentenced for a few nights to the "Stehbunker" [Stand-up cell].

Imprisonment in the "Stehbunker" meant spending a night in a room which was a square, measuring approximately 60 centimeters each side and about 130 centimeters high. The prisoner, who was put in there, did not have room to sit down, nor could he stand up straight, because it was too low. After an eight-hour night in this bunker, the prisoner had to return to work in the morning.

The suffering that the inmates of Auschwitz had to endure was indescribable. There was not one day a prisoner was not beaten in our Union work detail. Failure to complete the smallest task, because of physical weakness, was considered sabotage. This same Union work detail also had a night-shift. The factory operated 24 hours a day. The day-shift started at six a. m. in the summer and ended at six in the evening. The night-shift, which relieved the day-shift in the evenings, worked until the day-shift arrived. For five months I worked in the Union day-shift without a Sunday or a holiday. More than once I received punishment for not being able to execute a quota which was beyond my strength. How many days did I work my shift, without sleep, day or night? How many nights did I spend in the "Stehbunker"? And how many at various penal tasks?

After five months of day-shift, I was transferred by the section supervisor to the night-shift work detail. I worked there until the sixteenth of January, 1945. Work on the night-shift was even more distressing. Not rested, tired and broken, we had to stand the entire night over the machine and work. Work and slave away making munitions for Germany, for use against our friends – England, Russia and America. Fortunately, however, it did not make any difference.

The Russian troops were daily moving closer to us. Many times during the night we could hear the artillery fire which was not more than 50 kilometers away from us. Air raids became more frequent. Frequently, we did not work for hours on end during the night as a result of them. In these circumstances and under these conditions, the morale of the prisoners became stronger. Our sense of hope increased day by day. The end, which I had already been awaiting for over five years, had come closer.

My friend, Israel Lewkowicz, and I had already begun making plans for the future. We always spoke of how when we came out of the camp, we would stay together. Neither he nor I had parents or sisters and brothers and in the camp we lived like two brothers. That is how we would live after the camp as well. But fate wanted something else. To this day I have no idea whether he is alive or dead. We made beautiful plans, but, unfortunately, they did not materialize. Time passed by slowly.

And another important thing happened. At the end of 1944 the prisoners of the "Sonderkommando" blew up the crematorium and escaped into the forest to join the partisans. But only a small group of them made it alive. The swift reaction to their revolt was a large "Selection" of Jews, in which approximately 1000 were sent to their deaths.

And then time passed without any special occurrences. We worked hard and had little rest. The nights were long, full of work, and the days were too short for rest. New Year's Day arrived and we had a day off. In the new year the time was not destined to pass quietly for us. Every night there were air raids. The factory was dark. Even so, one had to work.

And so January the fifteenth arrived. Always on the fifteenth or the first, our productivity was measured. It turned out that during these last fifteen days I produced a large amount of rejects. Without much hesitation, our section supervisor [a German civilian employee of the company] went to the SS Kommando leader and reported this immediately. He came to me right away, took me to the cloakroom, and gave me 45 strokes with a thick black whip. I shall not forget this beating. First, important consequences resulted from it and second, it was my last beating in Auschwitz. After leaving the cloakroom I had to run back to my section and begin work immediately – work the whole night, just like the night before. It did not interest any of the supervisors that I could hardly stand on my feet, never mind work. Only my comrades comforted me; among them was my dear brother, Israel, who felt for me and wanted to help me – despite the fact that the same evening he also received 20 strokes. Of course I did not give in, and with my entire strength I forced myself to produce my quota. And so, early morning came, for which I had been waiting impatiently. After the day-shift relieved us, we left the factory and marched into the camp.

When we arrived in the camp, I immediately reported to the "Häftling Krankenbau" [prisoner infirmary]. There they took me to the camp doctor. I showed him the black marks from the beating, which covered my entire body. I also told him that I was not in any condition to go back to work right away. He understood that very well and filled out a "Blockschonungszettel" [excuse from work and block rest form] for me. It freed me from work for four days. It is worth mentioning that the camp doctor was not quite as strict as usual, and I spoke to him as to another human being. This was the reaction to the fast approaching Russian troops. When I came back to the block, Israel was very happy that I had been given the four days of rest. But, unfortunately, I was not able to take full advantage of the block rest. I rested for two days, which I had already needed for a long time. But it was too little, however, after such a beating. And then the following thing happened. On the eighteenth of January, 1945, a command was given – all prisoners shall pack a blanket and prepare themselves for the general evacuation of the camp. When I heard this, almost blanked out, because I knew what evacuation meant. And the first thing that came to my mind was: How will I be able to march? I can hardly stand on my feet and on top of that I must march? But there was nothing to be done. My friend, Israel, had packed two blankets and we were ready to go.

At four o'clock in the afternoon it was the turn of our Block [Twelve]. Lined up in five rows we left the camp. At eight o'clock in the evening, heavily surrounded by SS guards, the difficult and painful evacuation began. We had to wait until eight o'clock by which time all prisoners had left the camp. When everyone was outside, we began the march under the leadership of an SS Obersturmführer. I experienced many tough moments during this night. Marching between my two friends, Israel and Fidler, I tried to take every thing in: all the surrounding area was white with snow. Wherever you looked you could see only snow.

After a two-hour march, the snow mutated. Because of my fever and all the pains I was fighting, I no longer saw the snow. The snow, in my mind, turned into houses, cities and palaces. I saw before my eyes a beautiful white room with clean beds. And my friends were there together with me. We washed ourselves, and ate, and then we went to bed. How pleasant it was to sleep. While I was lying in bed, I saw the figure of my mother. She came to me, and, kissing me on the cheek, she wished me good night. Afterwards, my father also came into the room, and, just like my Mama, my father wished me good night. Then they both went out. I talked to my friends. We chattered about different things and all of us were happy. The faces of my comrades were shining with joy.

Thus, marching along and dreaming, I suddenly heard the voice of my friend, Israel. With a shaky and desperate voice he asked me: "What is the matter with you? Are you feeling sick? Have you got much pain?" And then, during a short pause, he began to rub my face with snow, in order to refresh me. "Be strong, hold on, keep up your spirits! I feel for you, I know you are in great pain. I understand that it is difficult for you to march, but you have to hold on". And then I noticed two big tears in his eyes. "It is possible" he went on, "that even today already the Russians will be here. If not today, then tomorrow. And then we will be liberated. Then we will rest and sleep as much as we want after all that pain and anguish in the German concentration camp. Then we will get new clothes, we will be clean again and look like we did three years ago."

Hearing these words, a great pity gripped my heart. Then I put my arms around his neck and began to talk to him. In spite of all the pain and in spite of the fact that I felt so sick, I began to comfort my friend. I told him that I felt well, that I had almost forgotten the beating I received two days ago. We were quiet again and silently marched on. There was nothing to see – only wilderness and night. And the hours passed slowly – hard, long hours – it seemed as if they would never end. Luckily, it was a beautiful and quiet night. And because of the constant marching, we did not feel the cold at all, in spite of the fact that we were lightly dressed. Only our hands were cold because we had no gloves. And so, with calm weather, the first half of the night was over.

But at one o'clock the weather began to change. A strong west wind began to blow, which brought in its wake clouds covering the whole sky. Then it began to snow. Like needles, the snow stung our faces. And then we grew cold. The wind penetrated our poor clothes without pity and stung and plucked our skin and bones, which was all we had left after our long stay in the German concentration camp. And just as the first half of the night was generally quiet, so now one was aware that in the second half everything began to move. One could quite clearly hear the shots of the SS, who, with each bang, robbed a human being of his life. They shot the aged who lagged behind and no longer had the strength to march. After each bang it always was quiet for a while, until it began again. In the meantime, when the guns were quiet, the cursing of the SS men reached our ears.

Grievous, and claiming many victims, the second half of the night passed for us. Full of pain and completely shattered, we arrived early in the morning in Bielitz, which was 28 kilometers away from Auschwitz. Marching through the town, we met the women from Auschwitz sitting on the street. How dreadful was the sight of them sitting in the snow, each one pressing against the other, so that they could keep a little warmer. I watched them, and I felt pity for them. After half an hour, we left the town. We had thought that we could rest there – but we were disappointed. Now, at ten o'clock in the morning, we came to a village where we rested until five o'clock in the evening. We also ate something, using the provisions which we received in Auschwitz before leaving for the march. At five o'clock we lined up. And after the leader of our march had counted us, our march began anew.

Nothing special happened during the second night. The only thing which increased was the number of victims. It is unbelievable how many people perished during that night. Only blood and dead bodies covered the streets that we had passed through. How many unfortunate prisoners died in this night! People who had spent less than one year in the German concentration camp, wrestling with the difficult conditions. And now, in the last moments of the war, they were robbed of their lives.

It was a bad night, a painful night. But my two friends and I decided not to give up. Making a final effort we plunged forward, distancing ourselves from the bursts of gunfire which carried over to us from behind. At about eleven o'clock, a group of Russian bombers flew over us, accompanied by fighter planes and searchlights. A few moments later we could see rockets illuminating the entire area. After that, the bombs came. They were dropped through the circle indicated by the searchlights. The sound of anti-aircraft artillery carried over towards us as well. This did not last long. Having fulfilled their missions, the Russian planes returned triumphantly to their air fields.

Our hearts beat full of joy and hope as we watched up at the airplanes flying past. We were only sorry that they were in the air and far from us. We would have liked to see them on the ground. Then we would not have been prisoners any longer – we would have been free human beings.

After the raid everything became quiet again – the roar of the motors, the sound of the anti-aircraft artillery and the crashing of the exploding bombs. Only with us did the shooting by the SS not become more quiet. They were not tired! At all times one could hear the whirring of the bullets that the SS sent without pity into the crowd, bringing death and despair among us.

And so you can imagine, more or less, what the evacuation march from Auschwitz looked like. And so, marching on, we arrived at the railroad station of Lestau. There we climbed onto trucks in which we were driven directly to Gross Rosen Concentration Camp. Gross Rosen was known as a very bad camp – it was even called a "Straflager" [convict camp]. It was also known for the harsh working conditions in the quarry where the prisoners had to work. Two days and three nights we sat on the trucks without receiving a drink of water or a piece of bread. On the third day, in the morning, we arrived at the train station of Gross Rosen. Getting off quickly and lining up in five rows, we marched off to the camp.

After a fifteen-minute march we arrived at the gates of the camp where the Camp Leader, the Block Leader and other SS were already waiting for us. After a meticulous count we went into the camp. There the Camp Elder and many Block Elders were also waiting for us. Without further ceremony they took us to the blocks. The blocks to which we were assigned were located about 200 to 300 meters from the main camp. Up to our arrival, no one had lived there. They were long, wooden barracks and one noticed in many of them that before our arrival the floors had been coated with cement. Approximately 1300 to 1500 men were assigned to one block. It was a horrible squeeze – to sleep was almost impossible. To stand – that one could bear. And under such conditions, without a little bit of straw under my head and not even taking off my shoes, I spent two weeks there.

It was lucky for us that we did not go to work. The only diversion for us were the roll-calls. Three times a day they counted us. Once at five o'clock, the second time at twelve o'clock and the third time at six-thirty. Each roll-call lasted between two and three hours. The reason for that was that there were, each day, so many dead people that they could not even be counted. Many of the corpses could be found in the washrooms or in the toilets, and so we did not know to which block they belonged.

And now about the food supply – two hundred grams of bread daily and at twelve o'clock at night, one liter of soup which was only water. The reason we got our mid-day dinner during the night was because the kitchen was too small to cook for so many thousands of people, so that one section received the meal during the day and the other during the night.

These were two dreadful weeks. Many – very many people lost their lives there. It was said that the small crematorium of Gross Rosen during its entire existence never burned as many people as in these last two weeks. On the second day, a transport of 1500 Jews was sent away from our group to Sachsenhausen. The fourteenth day something happened.

In the evening, the "Arbeitsdienstführer" [work supervisor] came to us with a few prisoners who worked in the "Arbeitsdienst" [labor service]. And they made a list of locksmiths, specialists, lathe hands, metal workers who were to go on a transport to work in a munitions factory. I and my two friends were also put on the list. We were glad, thinking that if we worked somewhere, the conditions would be a little better – at least we would get a place to sleep where you could stretch your legs. And with such thoughts, hoping for something better, we went to sleep standing up.

Early in the morning, after the first roll-call, together with various friends and acquaintances, we blessed each other and left the camp. After a five hour march we arrived at the gates of the small Concentration Camp Bolkenheim, twenty kilometers away from Gross Rosen. About three kilometers away from the camp was an aircraft engine factory where we were supposed to work. We had a very unpleasant reception in Bolkenheim. I recalled February, 1943. And I remembered the gypsy camp in Birkenau. Not to mention the fact that we were now 1945, and what a difference two years has made politically, everyone knows that! Just remember that in 1943 the Germans had penetrated deeply into Russian territory. Where were they now? Driven out of Russian territory, Polish too; and in many places the Russians had crossed the German-Polish border. No wonder they treated us so badly. The Camp Elder, a criminal, beat us and destroyed people without pity. Luckily, we were not there for long.

During the nights one could hear the distant explosion of artillery and with each explosion hope was reawakened. Perhaps we will be lucky after all, perhaps the Russians will surround us. And every night when we went to sleep, we thought and hoped – perhaps tomorrow morning when we get up, the Russians will have arrived. We were not in luck. The Russians had not yet arrived and preparations were made for further evacuation.

The last night before our departure a selection was held. Approximately one quarter of us were picked out. That same night they were killed by means of injections. The dead bodies were still warm when we carried them out of the camp. We buried them in graves which had been prepared the previous day. These bandits no longer had time to burn the corpses. It was a ghastly night. Twenty of us had to do this work. My friend Israel was one of the group; we were inseparable.

Our work was completed by daybreak and we went to sleep for a few hours. Then we ate the midday meal and at one o'clock, in five rows, left the camp.

This was on or about the fifteenth of February, 1945. It was a beautiful day. The sun beamed its rays down on us, wishing to warm our sick, emaciated bodies. At the same time it wished to awaken hope in us and to prevent us from losing courage. No one who has not experienced this, can imagine the impact of lovely warm sunshine on a weak prisoner who has been condemned to death; with what deep feeling he stares at everything when he thinks he is going to depart this beautiful world. How ghastly our situation was!

And so, tired, starved and crushed, I thought my thoughts as we marched along. I remembered my childhood years. On beautiful winter days like this, I used to go skiing with my comrades, or play ice hockey. And when I came home, frozen I'd run into our lovely, clean room where I would meet those I loved, my parents, my sister and my little brother. How comforting it was to spend the evenings listening to beautiful music on the radio. I also remembered how many times, before I went to sleep, my Mama sat by my bed and read to me. Often, she would tell me about her past – including the First World War, which she lived through as a child. I listened with great interest to her words, and when she stopped I would beg her, "Tell me more, Mama, tell me more"; and she would continue. Often she would interrupt her tales to cover my face with kisses, bestowing on me all her love. Where is she now – my dear Mama? She has been dead for two years. My father too, and my brothers and sister. Nor is my school friend, Wolf Janowicz, with whom I came to Auschwitz, alive any more.

A great yearning pressed down on my heart. I felt I was going to cry. But there were no tears in my eyes. No! I cannot cry any more. But I had the sensation of crying. I could feel the tears flow from my heart. Yes – they are flowing but no one can see them. And I was sad, and I became dreadfully homesick. And with these thoughts I continued to march.

On the way we met up with various military transports. Some were moving East, others West. Then, slowly, night fell. We spent this night standing up in a farmer's barn. And when the sun showed itself again, we continued to march. Before marching off, we buried several comrades who had choked to death during the night.

The second day was less fine. Rain began to fall. The sky was full of clouds. The fields looked drab and depressing as we passed by. As in my heart, so it was outside. And the day brought many victims with it.

Wet and defeated, tired and hungry, we arrived in the late hours of the evening at Hirschberg Concentration Camp. When the counting and the block assignment were over, we threw ourselves exhausted onto the wooden beds in the unheated barracks. And so we spent the night. In the morning we went out for roll-call which served at the same time as a selection. Ninety-five men were picked out and were murdered. Then, after this selection, we went into the blocks again to rest. At six o'clock in the evening there was another roll-call, which lasted a few hours. The greater part of the time we spent doing exercises. The exercise kept on being repeated because we did not do it very well – putting on caps and taking them off. But fortunately we did not stay long in Hirschberg either.

After about one week, we were on the march again. The entire camp was evacuated together with us – that is – the old prisoners of Hirschberg came along too. And this evacuation march was the most difficult of all. First, we had to drag with us fully loaded carts filled with things belonging to the SS. Secondly, we passed through the Riesengebirge [local mountains] which are up to 600 meters high. To pull the fully loaded wagons over the mountains was terribly hard for us prisoners. I marched at the limits of my strength. On the way we passed through various towns. Marching along the streets, one could see civilian life going on as usual. Over there, not far to the left, people are walking, wagons are moving, there is a free, wide world. And they even forbade us to look at it.

And so – slowly, and with much pain, the first day passed. The night, which began for us at eleven o'clock, was spent in a lumber factory. It was crowded in there that there was not even room to sit. The second day the same thing happened. Whoever did not have enough strength to cope, was shot. I felt, for instance, that the last of my strength had abandoned me a long time ago. I marched on my nerves.

The thought that I was going to die in the last moments of the war made me very sad. Now, when the Russians had already reached Breslau and British and American troops had penetrated deep into German territory. In my mind I surveyed the difficult times in the camps, the terrible and sad moments I had suffered in there. And now – just at the moment that Hitlerism is running aground, at the moment when many nations have already been freed from the Nazi yoke, we must die? No! and again, no! I still want to live! How awful to lose our lives now, to be shot by some SS man and dumped in the snow. And then, in the spring, when the snow changes into water, my bones should serve as fodder for dogs or birds? No! I still want to live. When the war is over, I want once more to go to my hometown, unannounced, and show my enemies – who think I have been dead for years – that I am still alive; that I am still able to take revenge on them for their provocative deeds. And so I kept on marching.

After a four-day march we arrived at Reichenau Concentration Camp during the night of the first of March. We rested there for a few hours and, early in the morning, we left for the railroad station. A freight train with open cars was already waiting for us at the station. We climbed aboard immediately. This was on March the first, 1945.

It was about ten o'clock in the morning when the train moved off. The first day the thirst and the hunger were still bearable, but the second day, when again we did not receive anything to eat and to drink, things became desperate. Our lips turned black, firstly from thirst, and secondly from the coal dust, because the freight cars were full of coal. By the second night several people were already dead. This second night was very difficult for us. It was very hard to struggle against the hunger, cold and thirst.

And suddenly, sitting between my two friends, I began feeling ill. My friends, noticing this, started pinching and slapping me, and that helped a little. I felt a bit better. Then we had a conversation and, sitting there, I fell asleep. I dreamed of various things. But the worst was when I dreamed of a pail of clean water, and that my friends and I drank from it.

When I woke up, the sun was already high in the sky. It was a magical day. I tried to stand up, but this was not so easy. After a while I managed it. My friends also got up and for them too it was not so easy. So, there we were, holding on to the edge of the wagon so that we would not fall over, and one of us said, "Look how beautiful it is outside, look how beautifully the snow glistens in the rays of the sun. Shall we ever walk on the earth alive? Shall we have the strength to get off these wagons, or will we be carried off dead?" Often, when we passed a station, one could hear from all over the train, "Water! Water! Help us! Water! Water!" Not once did I cry out like that because I knew that no civilian would dare bring water for prisoners (criminals, bandits).

But I cannot say that my comrades did what they did with the belief that they would receive water. No, there was another reason. With these shouts they diverted their thoughts just a little from the horrible thirst. It helped them unload the great bitterness they felt regarding their extreme suffering. And when, exhausted, they collapsed on the floor, one could still hear them shouting "Water! Water!" But nobody outside could hear them anyway. And that was very bad. And, shouting, they lost all their strength. And one by one, they died on the black floor of the wagon with the word "water" on the lips.

I watched a thirteen or fourteen-year-old boy die in our wagon. First he fell face down on the floor, still calling out "Water! Water!" Then he began to hurl himself around, scraping his small weak hands along the floor of the wagon. He seemed to think he would find water there. And afterwards, when he had quietened down, he began to speak. But I could not understand everything he said. I only understood his cries: "Mama, dear Mama, help me!" And then he became still. He had no more strength left. And he died.

That was the fourth day. We continued to travel for three more days. And on the seventh of March, 1945, we arrived at the railroad station of Buchenwald Concentration Camp. When they opened the wagons, it was discovered that sixty percent of our transport was dead. Most of the rest were half dead and only a few people could march into the camp under their own steam. The majority had frost-bitten legs or pneumonia. Many died while being taken in the small Red Cross carts for baths and disinfection .

After the bath we got something to eat. I remember how the food was distributed. In orderly fashion we entered another room, where we received our rations at the door – consisting of a piece of bread and soup. Sitting down to eat, I did not know how to begin. After a seven day fast I had forgotten how one eats. I don't even want to talk about eating the bread. My first bite of bread, I kept it in my mouth for a long time and finally spat it out because I could not swallow it. The only thing I swallowed was the soup, which was so thin that I drank it like water. So I managed to quiet my thirst.

I must mention here that we were received decently in Buchen-wald. Instead of beating the prisoners who did not have the strength to get up or to walk, they reached out their hands to help. Also, the Block Elder, "Lagerschutz" [camp security] and Commandant treated us very well; not like the criminals who had accompanied us up to this point. They had beaten us mercilessly and destroyed us. One of the Lagerschutz also explained to us that Buchenwald was not a camp like Auschwitz. Buchenwald was a camp for political prisoners and political prisoners tried to support rather than destroy each other.

That pleased me because at the very moment when we could hardly stand on our feet, we met up with real comrades – political prisoners who, whether or not they had the title of Block Elder or Lager-schutz, were comrades, brothers who made the effort to help us. They also asked us about our relationship with the Kapo and Block Elders. Of course, our answer was negative. Then they asked all the Kapos and Block Elders to step outside. After a short hearing and judgment, they paid instantly for their murders and all their crimes. We, the prisoners of Auschwitz, watched and marveled at this. We were only sorry that the Camp Elders from Bolkenheim and from Hirschberg stayed in Reichenau. All these murderers were awaited at Buchenwald, in the name of the countless number of human beings who, because of them, lost their lives.

I had imagined something similar happening in Auschwitz. If it had come to that, everybody would have been gassed immediately. I recall the time in Auschwitz we covered the head of a Kapo with a blanket. [Author states that a blanket was thrown over the Kapo's head while he received a thorough beating.] We, that is, our entire unit, had to do exercises the next day. When we left our area, it was covered with blood and we brought with us ten, twenty or more dead comrades into the camp whom the SS had murdered at that location.

We, as strong Muselmen [very emaciated people], were very happy indeed that we had landed in Buchenwald because in another camp we would have been destroyed long ago. We also mourned our comrades who died in the train wagons during the last seven days.

And so passed our first night in Buchenwald, when hope re-awakened within me, in spite of fact that I was already three-quarters dead. I had a small, pus-infected wound on my left leg, which I got from an SS bullet during the night of March the first in front of the gates of Reichenau Concentration Camp. And both my feet were frost-bitten and heavely blistered. When the blisters burst, I suffered terrible pain. I was in such bad shape that I could hardly stand up.

In the morning, those who were able to march were taken to Block 51 in the small camp. Later on, others were taken in small hand-pulled carts to the same block. We could not be admitted in the infirmary – there was no room. In Block 51 we occupied the so-called sickbay bunks and were treated with heartfelt consideration. Every third day a group of medical personnel put new bandages on our wounds. For four days I lay on the wooden bunk, covered with one blanket. It was impossible to sleep – first of all, because of the severe pain and secondly, because of the moans of ill and dying comrades. Every day a large number of dead bodies were carried out of the block. In the same block, but in the healthy section, was my friend Israel, who brought me the political news everyday. On the fifth day, the sick in Block 51 were transferred to Block 57. On the same day I saw my friend for the last time. In the morning he left Buchenwald with the so-called "Schwalbe" [swallow] transport. Two days before the arrival of the Americans he was still in the camp, but we did not meet again.

I was in Block 57 until the American armored tanks arrived. It was a terrible time for me. Lying on my bunk, I thought of various things. I remembered the time when Israel and I mourned a comrade who had been killed. And now I mourned Israel. Is it possible that now, after spending three years in Auschwitz, he lost his life here in Buchenwald, which was a paradise compared to Auschwitz? And so, as I lay there, I surveyed my life in Auschwitz and all my suffering from January the eighteen until March the seventh. And so, time passed slowly. Every day fifteen to twenty bodies of our dead comrades were carried out of the small sickbay.

My wounds did not get better either, quite the contrary, they got worse and worse. I suffered terrible pain, especially while the bandages were being changed and the medical orderly cleaned the puss from the bones with his surgical instruments. But this had to be done to prevent the further infection of the bones. I noticed that my feet got worse from day to day. Under the conditions prevailing in Buchenwald and with the rudimentary nursing care, it was no wonder that the wounds did not heal. But I did not want to think about that. However, the thoughts always returned.

Often, as I witnessed the dead bodies of my comrades, I thought to myself: Tomorrow, perhaps, there will be no trace left of me. Tomorrow I will be in a place, perhaps, where there is nothing. My body will be cold and the wind will carry and scatter my ashes, and the rest of my bones will mingle with the earth. It is awful if a person does not know what will happen to him tomorrow. I know that after my death there will still be people around, I know that the world will go on existing as before, in spite of the fact that every hour so many human beings lose their lives in so many differ- ent ways. I was always prepared to die and was never afraid of that. I know that when my bunk is empty, ten more comrades will be queuing up for that space. How is it that I understood all this very well up to now, and yet had always been so indifferent to it? Yes, I wanted to live, I fought for my life, but I did not fear death.

Nor am I afraid now, but I want to live, I am not in the mood to leave the world at this stage!

It was already very late, the camp was quiet, except for the sickbay where the moans of sick comrades could be heard on all sides. With great effort I climbed down from the bunk and went over to the window. Outside was beautiful. Quickly I breathed in the fresh spring air which penetrated even the dark streets of Buchenwald. And as I looked around, I remembered my childhood years. I remembered a village where I loved riding my bicycle. I saw before me the wide expanse of fields, covered with different kinds of grain. I remembered a sound I heard many times, the village instrument known as a Fujarka. I saw before me the lovely little birds of spring which sang so beautifully. I recalled my school friends with whom I spent many such evenings. I always looked forward to those evenings with great joy in my heart. And now, now I'm standing here at the window and I think that it is my last evening, the last time that I shall see the sky and the stars. It was the same spring air, the same sky as before, why must I leave that now? Why must I take leave of this lovely spring world?

And I stood there for a long time, looking up towards the sky and the stars and admiring the beauty of the night. And now, as always when close to death, I was overwhelmed by a terrible lust for life. No! I shall not die. I must live, I must! And this helped me a great deal. Only a great lust for life could enable one to bear all that pain. Standing there, I thought, many of my comrades died their deaths this way in the dark German barracks. I am not the first nor am I the last. But this was no consolation, I did not want to die.

Straining to the limit I returned to my bunk. I placed my wooden shoes on one side, taking care not to wake up my comrades – my comrades in misery, who, after another hard day of hunger and pain, had fallen asleep. I was not hungry then, in spite of the fact that we received so little to eat, namely, two hundred grams of bread daily and one liter of soup – and that was it for twenty four hours.

When I finally lay down, I made a great effort to stop thinking. I wanted to drive away all painful thoughts so I could fall asleep. It was a terrible sleep. I dreamed many things but I didn't know exactly what about. When I awoke I knew only that I had nightmares. Everything I saw during the night was a product of the pain, the fever and the negative thoughts which encircled me. And I had to fight hard against all of that. Such a fight was not easy, but I understood very well that my future depended on this fight. I do not need to think of death. I must think of the British and American troops who will be here within the next few days, and maybe our lives will be saved. Then we shall be free, we shall rest and we shall recover from the hardship we underwent in German concentration camps. We shall be able to sleep once more in a clean bed. Then we shall receive, too, the proper medical help we so urgently need. And how wonderful that will be, how happy we will be! But such positive thinking did not last long.

On the sixth of April at about eight o'clock in the evening an order came through from the office of the Block Leader that all the Jews should line up. This was the first time I had heard this terrible command since January. In Buchenwald we had not noticed lately any difference between nationalities. And now, at the last moment, comes the terrible command that all the Jews should report to the roll-call square. I understood immediately what this meant. At the last moment, they wanted to murder the few remaining Jews in the camp. You cannot imagine the panic this induced. Some hid themselves among the non-Jews and others joined us in the small camp and hid themselves on the floor of the block. But the largest group, who had no alternative, went to the assembly place. On the second day, under strict SS surveillance, they left the camp.

Across the entire camp one could hear over the loudspeaker: "All Block Elders – bring the Jews to the roll-call square immediately!" The following one could also hear: "Block Elder and 'Stubendienst' – search the blocks for Jews who might be in hiding!" But they did not bring a single Jew even though they found many of us in the blocks. The communal spirit was too strong – it was absolutely impossible for a political prisoner to deliver another prisoner into the hands of the SS. On the second day, after the transport had left, it was said that Buchenwald was "judenrein" (Jew-free).

Buchenwald counted about 70,000 people before that transport left.

After the Jewish transport had left they began to evacuate the other nationalities. On the same day another 6,000 people, approximately, left the camp. For two more days prisoners were evacuated. By the time the last transport had left Buchenwald, American troops were already very close by. Allies planes circled quite low over the camp. They wanted to demonstrate that they were thinking of us. The healthy prisoners on the roll-call square formed themselves into the letters S.O.S. The pilots noticed this right away. Dipping their wings, once to the right and once to the left, they showed us that they understood our signals. Then they disappeared but returned a little later with packages of bread, cookies and cigarettes.

That was on April the tenth, 1945, a sad day – out of 70,000 people there were only 20,000 left in the camp, of whom more than five thousand were sick. Each and every one of us could see the end approaching. As a matter of fact, the general mood in our sickbay was dark because we understood very well what awaited those who were sick when the camp would be evacuated. All orderlies and all doctors had already been ordered to leave the camp. Sadly we watched the preparations get ready. We were told that they had left the camp, it would be our turn. They consoled us by saying that they would drive us on trucks; that we need not fear that anything dreadful would happen to us. But I, as a long-time prisoner, knew exactly what awaited us, that they would not make a big fuss, that they would not drive us on trucks, and I was without hope. I only knew one thing, if the SS has the time to evacuate all the healthy inmates, then we shall meet the same fate as the sick of Gross-Rosen, Bolkenheim and Hirschberg. After all, we "Buchenwalder" are no better than any other prisoners.

And so, as I lay on the hard bunk, an inexplicable feeling gripped my heart. I could not make a sound. A great yearning for life overpowered me; a yearning to return home. (People who have no home understand this very well. I, for instance, have this feeling even now, in spite of the fact that I have already been free for four months.) I yearn for my home town, the town where I was born and where I spent my childhood years and where, at the same time, they arrested me. I wanted very very badly to meet my dear parents and sister and brothers, from whom I had been separated for more than two years. How sad it was that I would never see them again – my parents, my sister and brothers, my town, the house where I was born and raised. Never again would I sit in our garden and listen to music on the radio drifting through the open window. How I longed for the large yard where I loved romping around with my big dog. And now, on the bunk, the smallest, most banal recollection became very vivid and very dear to me.

And so, turning all these thoughts around in my mind, I had the feeling that I was beginning to die off. Part of my body was already dead, and whether I would survive this night was open to question. It was a very difficult and painful night, the night of final crisis. Not once did I wake up from sleep. Because I had a high fever, I flung myself around. I also asked for help, but from whom I don't know. All this my neighbors told me. I saw my mother in my dream. She said many things but I could not remember what they were. And again I cried for help. No! And again, no! I don't want to die, I don't want to perish now – at the last moment – now, when the Americans are only ten kilometers away. How many years have I waited for this moment, how many years did I starve and slave in order to live this moment? And now, when freedom is so close, when all through the night one can hear the bursts of machine-gun fire, shall I die? Now, when Hitlerism, which murdered millions, is sinking, shall I die? Perhaps it would not be so bad if I knew that after my death, there would somebody be left to remember me. That would not be so bad. But here, where I am alone, nobody will know where, when and how I perished. My only relatives, who are in Ireland and America, will not know when and how all our family lost their lives. And a great and powerful will to live grew within me. Why should I die now? After all, how much time did I have to enjoy life, when I was young, before the war began? For six years I had experienced only the worst. I had endured humiliations and insults. And I wanted to live. How terrible it would be to die the death planned for us. The Germans wanted to blew up the entire camp, or kill us with flame throwers. But they did not have time.

With these thoughts I passed the night. April the eleventh, a beautiful day, arrived. The sun stood high up in the sky and bestowed its rays. It penetrated even the gloomy barracks of Buchenwald, caressing and warming the meagre bones of the half dead prisoners. Outside was beautiful, but not for everyone. Looking through the window, one saw no people walking between the blocks. Where were they now, the thousands who were here only two days ago? What did the SS do with them? One could see only the half dead people without the strength necessery to get up and leave the camp. And so they lay in the sun propped against the wall and waited for death. Many of them had taken off their dirty prison clothes in order to let the sun's rays shine on their scrawny bodies. They were suffering dreadfully all over. Many of them already looked as if they were dead. For two days, they have received nothing to eat and this is now the third day, what will it bring?

The morning passed quietly, apart from the machine-gun fire. During the early hours of the afternoon, too, nothing special happened.

And then, suddenly, at about two o'clock, powerful machine-gun fire began. The prisoners lying outside suddenly got up and with deep sadness in their eyes looked in the direction of the shooting. From minute to minute it became stronger and more frequent. There was an incredible atmosphere in the camp. And then, at about two-thirty a command came from Weimar for the Camp Leader. They asked if the remaining prisoners were dead. Then the prisoner who took the phone answered, "Soon they will be".

And the machine-gun fire came closer. Here in the sickbay we hung out a Red Cross flag. The order came over the loudspeaker: "All SS personnel leave the camp!" And the explosions came nearer and nearer and, all of a sudden we heard the sound of armored tanks. And then, at a quarter to four the first American tanks appeared in front of the camp. They tore through the barbed wire and drove into the camp. I looked through the window: everyone became lively, everyone was happy. And then our Block Elder ran in and shouted: "From now on we are no longer prisoners, we are free!" He ran over to each one of us and kissed us and was happy. Nobody who did not experience this situation can understand what it was like. From our infirmary those who had the strength ran outside. And there an indescribable scene appeared before my eyes. Many people, some naked, some clothed, some without trousers, some without jackets, were kissing each other and cheering. They encircled the American tanks. They wanted to throw the tank commanders up in the air, but these explained that they did not have time, they had to advance to Leipzig. Not just us, but the Americans too, were satisfied with the aid they were able to bring to us. They told us that this was the first camp where they had found people alive.

The Americans quickly distributed guns and bidding us farewell, left the camp. The inmates immediately surrounded the camp and took the SS men prisoner. The inmates wanted to beat them to death, but the armed comrades did not agree to that because they had received orders from the Americans to take them alive.

And so, by the window, hardly able to stand on my feet, I began to think. Throughout the afternoon and evening I listened to the singing and celebrating of the people who were now free, and I thought about the situation as it was twenty-four hours ago and as it was now. I wanted to compare the luck which I had now with the luck I always had during the selections in Auschwitz. But no, things cannot be compared. In Auschwitz, when I was lucky at a selection, it was not certain that next time I would be so fortunate. But now that I am free, I have to concentrate, to see that my wounds heal quickly, and afterwards to begin my life anew. And so a day passed, and that was a day without fear for the morrow. Do you know what that means? After six years of war, two-and-a-half years of which I spent in German concentration camps, one year as a slave laborer for the Germans and part of one year in the ghetto, such a day was like a dream! And then I was afraid it was only a dream. Fortunately, in real life, it was no dream.

Slowly my wounds began to heal. I lay in the same block for five more days, then they brought us into the blocks of the SS. In good clean conditions, without negative thoughts and without fear for the morrow, my wounds began to heal very quickly. And on the eleventh of June they moved me from the sickbay to the block for young people. I remained there for one week.

On the eighteenth of June, 1945, I traveled with a three hundred-fifty-man transport to Switzerland. On the twenty-third of June we arrived in Switzerland where I still am for the time being. When my vacation is over, I will travel to Palestine where my friends and I will build a future, a life of freedom, equality and justice.

With love from one human being to another.

The End

Max Perkal
Prisoner No. Auschwitz – 98069
Prisoner No. Buchenwald – 133881

The Notebooks of Max Perkal

Who is Max Perkal, whose name appears all of a sudden amidst numerous accounts of personal experiences during the Second World War, accounts, which, in the years immediately after the war, no one wanted to hear or read?

It is summer 1945. They are arriving, these young people who have gone through the hell of the German concentration camps and are in Switzerland now to recover. Three hundred and fifty were granted a limited stay in Switzerland by the "Fremdenpolizei" (police in charge of foreigners). On the Zugerberg high above the valley, sometime after mid-July, I see a group of more than a hundred young men getting out of the small cable-car and moving towards the grey house that will be their home for several weeks. Children? Adults? Human beings at any rate!

I am the school principal and housemother of this home. The boys spontaneously address me as "Mutti" (Mama), in other words with the name of the person they lost years ago in the most horrible way. Every evening I walk through the long halls from room to room saying good night to my grown up children. With much understanding, openness and warmth, we try, slowly and carefully, to lead them back to normal life. In this atmosphere the hitherto buried layers of the unutterable, in the very depths of their being, opens up in some of the young men: a sob, a dream, a stumbling narrative, disturbingly revelatory drawings. The prevailing atmosphere, however, involves practical, future-oriented training, in order to reintegrate them in society.

One of the older boys in this group, who are different in origin but united by fate, is Max Perkal. In the summer of 1945 he is nineteen years old. I see him before me, tall, quiet, pensive and strangely radiant. He shares a room with two friends, to whom he is very attached.

One evening, entering his room quietly, I find him alone at his table, deeply absorbed in writing. The pen glides over the pages of the blue school notebook as if chased by images which call forth harrowing memories. His wounded soul seems to provoke them. Softly I call his name. He looks at me as if he is far away, grasping my hand and pressing it to his heart. Deep confidence is beginning to grow between this searching young man and myself. Shortly afterwards the first notebook is lying on my table. Thoroughly shaken I read. Max, where did you get the strength to bear it all? He senses my bewilderment. A faint smile flits across his face – now Max is stronger than I am.

With an astonishing loyalty to his memories, Max puts down on paper an almost daily account of more than two years of continually experienced dehumanization and torment. Max wrote out of an agonizing need to get rid of the unbearable memories, by giving a written account of the immeasurable time of those terrible years to someone who will listen to him and believe him. This constitutes the inestimable value of his notes, which are unique, genuine and spontaneous. It is his way to survive, to find liberation.

When the home was dissolved after a few weeks, Max handed over to me the blue school notebooks – the story of his fate, his diary.

In the early post-war years there was no interest in such almost unbelievable accounts written by a witness. That period was marked by the desire among those who were spared to free themselves from guilt and shame by suppressing their past, in the case of the perpetrators by changing over to the other side, by playing things down, denying. Publication was therefore not possible.

The blue school notebooks were left in my charge, out of sight for half a century.

Max began a two-year electrical technician's course in Zurich and worked for a company there until 1949. A human bond remained between us. From the letters of that early time, in which the years of terror were never mentioned, emerges a voice full of immense, image-laden expressiveness, tenderness, full of poetry and tender ironic humor. The ability to describe experiences and the whole spectrum of sensations are manifest in all his writing. After I had moved to France and he had emigrated to the USA we exchanged daily news in our letters for a long time. "Many thanks for your letters, which I enjoy. I am so glad for any friendly sign in this desert of indifference around me."

He lived in Philadelphia. Time passed. In his self-validation through successful work (he was the owner of a supermarket) and founding a family he was enabled to carry on; the sadness and loneliness he had felt before were buried in unfathomable depths.

In the early sixties he turned up unexpectedly in Zurich before traveling on to Israel. His intention was to try and find a means for him and his family to move there. After the Six Day War in 1967 he emigrated to Israel and lived there for seventeen years. When we met again in Israel, in 1970, he was busy with the installation of telephone wiring in the Sinai.

Afterwards there was a silence for twenty years. How could we lose touch to such an extent? I started looking for him. I thought he might be in Israel or in the USA. In the midst of these considerations, the phone rings: Max in Zurich! He has arrived from the USA. I tell him about the book I am writing and the passages I have used in it from his notebooks. It seems to me that he does not want to talk about them, leaving the choice entirely to me.

For the launching of my book in May 1994 I invite him to Zurich. There, for the first time since he wrote in them, he takes the notebooks and reads them for two, three days, at first in disbelief, doubting he is the author, but then more and more of the memories return, lively, very close and with alarming clarity. As one of the few survivors of that time, he is convinced that he can no longer keep quiet.

Max Perkal agreed to a publication of his notebooks with a request for an English translation, "in order to enable my son and my daughter to read them".

The short description of his last twenty-four hours at home in the ghetto together with his family was written on the day of the book launch in Zurich.

After fifty years, let the world hear this truthful, undisguised voice. In the text the reader will find, next to the horror that the images of atrocity and dehumanization evoke, the tenderness, the poetic irony, the inner richness, the courage and the strength of a young person requiring of us reflection and tolerance. For this very reason we have to be grateful to Max.

Charlotte Weber, Zurich 1995

(Translated from the German)

Max, It might have been You...

... I sat next to, then, in the early summer of 1945 – all of fifty years ago. It would most likely have been in my parents' house, which was full of guests long before 1933 and long after 1945. Not the sort to be found in luxury hotels or secluded, sheltered villas; people who lived like kings as a result of the war and knew they were very welcome and completely safe in those places. Not them, but those who had been bewildered, torn apart, destroyed. They were welcomed by us. You had no food ration coupons, which at that time were still compulsory. But we always had enough to eat at my parents' table in Basle on Röschenzerstrasse, four kilometers from the border, where the threat had come from and which was now behind you.

You could have been one of them, Max Perkal. As you were on your way to Mutti (Mama) Weber or from her, as you began the journey into your future – with your shattered past, and no present.

Thus we might have met at that time, you and I. How strange that was. And how difficult. We felt it and yet could not speak about it. Both of us were young. You carried with you what in those days was for us a dark hole, filled with the unimaginable, the unspeakable. Suspicions prowled round us, here in Switzerland, the peace island..., suspicions for which words still had to be found. For years the authorities warned us not to believe any of what we heard. The more horrible it was, the less we were to believe it. And certainly not to speak of it. I see the poster before me: a Swiss soldier, silhouetted, holds his index finger over the chattering mouths of a group of – of course, who else? – women, gossips, to hush them up. SILENCE IS A CIVIC DUTY, it said, or HE WHO CANNOT KEEP SILENT, HARMS HIS HOMELAND. What was meant was: he who articulates the reports that come to us, who even wants to protest, could anger the powerful neighbor to the north, whose mood determined our fate. – I was one of these soldiers, and I believed, because I served in the army, that I kept Hitler away.

Meanwhile on the border, many of your companions in misfortune, who considered themselves lucky because they believed their lives had been saved, were sent back by other Swiss soldiers.

I was distant – how distant we all were in Switzerland. Distant from what was indeed conceivable.

Then you sat with us. And you found the ideal place which you had previously pictured only in your dreams and daydreams: food was laid out before you, you slept in a clean bed, and were well looked after by my parents.

It is time to stop referring to the days of 1945. Now the talk should be only of what happened next. Charlotte Weber describes it in her book[1]; the two of us, you and I, experienced some of it; and it shall not remain secret.

At that time, after it was all over I sought you out, Max. You did not seek me, why should you? – Those whom *you* sought, like Israel, your loving companion and life-saver until almost the end; and your beloved sister, your brothers and your parents; the people from the days of your childhood: they weren't there. How awkward my attempts must have been at that time, when we were both about twenty. How brusque you were towards me – a spoiled, well-fed, inexperienced fellow, who had never really left home. I remember your shock when I came home on leave, still in the uniform that in shape and color was much too similar to the uniform of those who tormented you and killed your loved ones. What must have come over you when you saw me. You said nothing, I did not say anything. At night in our shared bedroom we tried to talk. You made allusions in the same same expressive language in which, at that time, you were writing the text you are offering us today. I listened. I understood almost nothing.

But I didn't have the words to respond. It couldn't be done. There were no words available. Let someone today, half a century later, try to answer you, after reading your notebooks...! So I remained silent. Then, before you left, I wanted to give you a present. What

---

1 Charlotte Weber: Gegen der Strom der Finsternis. Als Betreuerin in Schweizer Flüchtlingsheimen 1942–1945, Chronos Verlag, Zürich 1994.

do you give someone who has lost everything and more? – I felt ridiculous and was ashamed. And I gave you nothing. No reminder of the days when you returned from the dead and were our guest. That is it: I was ashamed. The little that you said, the large amount that you did not say, this especially spread the shame about, put it between you and me like an expanse of oil on the water. And I couldn't tell you, nor could anyone else. There was nothing to be done. There was no one to give advice. And in this silence – we did not dare admit to ourselves that it was a kind of longing – we went our separate ways.

In those days you achieved the inconceivable: you wrote yourself free, watched over by Mama Weber, who at that time shielded you in her arms, and whom you take in your arms today, now that she has gracefully moved into her eighties. Meanwhile we weep our way through your lines, we the readers, line by line, led by your singular, striking handwriting, whose unmanipulated shape attests to the powers which can be said to have kept you alive: this unique combination of sensitivity, solidity and unparalleled belief in yourself; the constancy of the penmanship is such that even when you give a hint of the exhaustion caused by excess of the unspeakable, there is no indication of trembling, no sign of sluggishness; the handwriting does not stiffen, nor does it become callous, even when you bring events into words which force the reader to take a deep breath – if he wants to stay with you and not lay down the notebooks. And *how* you write, with your fundamental poetic gift! What is lyrical, it seems, becomes truly readable in the contrasts you create: "I would look up at the sky and the stars and I would think how beautiful nature is, how beautiful the night is and how evil human beings are. Oh, the sky and the stars – I see them now for the last time. Tomorrow morning, when the sun comes up, the wind will already be carrying away the remains of my body..."

Transience: here it is not spoken of, here it speaks. He who reads this and does not withdraw, will have some idea of what is going on – or should be – when there is discussion about writing poetry after Auschwitz. This is something that we will have to concern ourselves with again.

I try to summon up an image of you sitting in your room with Marian and Lutek, Charlotte Weber entering and finding you there: "He is alone and writing, enveloped in his memories, stirred by the images that urgently want to be set down on paper. He doesn't hear me enter.

'Max', I say quietly 'you're still working?'

'Oh Mama', I hear as if from afar..."

And so the work, that now lies before us, comes into being. If only more people, bearers of a fate like yours, could have produced such work, even without your talent! – I see before me all the patients, in Israel and Switzerland, sitting in my psychiatric consultation room, their mouths closed for hours on end, sealed off from their families, sealed off from themselves. Everything pushing its way forward but not coming out, for years, decades, until in therapy it came out. And *how* it came out: Horribly sometimes when, instead of descriptions, the piercing, barking cries of the guards were let loose, and these tormented people would slip into the boots of the SS – or into the screaming of the doomed, the moaning and then the silence of the dying. One woman in therapy, I remember, put herself on a concentration-camp diet. She weighed about thirty kilograms. With the help of my wife, I fed her, raised her on a baby bottle and tried in this way to give her a new life. She was over forty at the time.

You accomplished this release on your own, thanks to the all-encompassing goodness of Charlotte Weber. Everything came out without reflection. There is no element of molding to be found in the notebooks, and also not the slightest thing done for effect.

You succeeded in making something from Auschwitz speak directly. You don't only write of Auschwitz or about it. Auschwitz, rather, speaks *through* you: it forces itself into your lines, and stays inside them, even to the point that the Auschwitz jargon manifests itself. That you were able to do this! – It is what initiated your healing. What you write here is not the pure, warm Yiddish that was common in your home; not that special uniquely expressive dialect that the Klezmer bands today (half a century after the catastrophe) sing to an astounded audience. Many elements of German flowed in (and through this came to be processed) that you had had to listen to, in rasping cascades, throughout the years of torment. From the language of those Germans, about whom, at another point, you – it sounds grotesque – quote your father as saying, while you, still together with your family, were all waiting in the ghetto to be picked up, "My father, who was always seeking to console – tries once more to calm us – he speaks of the cultured German people, who are not capable of *that* which we so fear."[2]

Then you got to know it, this cultured German people. You heard their language, day after day. Out of this something special was created – here in these notebooks now offered to us – something of your own, singular, and highly individual: an accurate, fit language, which was probably the only way to cope with the content of your text. It is likely that you could not have written everything down otherwise. Only in this form, as presented here, are we able to read it, not only in its horribleness, but also considering what lies below the surface of the apocalyptic scenes, for example:

"As the bodies in the ovens began to burn, one could see the tongues of fire, which rose from the chimney towards the sky, extending to a radius of tens of kilometers. They flickered into the dark night and illuminated the entire area. It looked as though the tongues of fire wanted to speak, but not many who saw the fire understood what it was saying."

You understood. Your ear was open to the language of the tongues of fire. Now you make our ears, no matter how obstinate, become receptive – to -- tongues of fire.

Yet this question of language, your language and the language of these cultured Germans, this people of poets and philosophers, continued to concern me. And this was inevitable, if I wanted to understand how you succeeded in communicating your information in exactly these words and in such penetrating language. By the way, such is the irony of history, it was not this people of poets and philosophers at all that gave itself such a description. Rather it was

2 This quote is from the short text that Max Perkal wrote and read on the occasion of the launching of Charlotte Weber's book "Gegen den Strom der Finsternis" on May 18, 1994.

a Swiss, Madame de Staël, who described the strange broken spirit of Germany, while she was living in the France of Napoleon almost two hundred years ago. This must be taken in consideration, if the way you could create this work out of *that* language is to be understood. "People of poets and philosophers": in my library, next to others on contemporary history, sits the volume "Kommandant in Auschwitz", the autobiography of Rudolf Höss; beside it can be found the correspondence of Heinrich Himmler. I could be fairer and mention that, somewhere among my books, Goethe's "Wilhelm Meister" and Thomas Mann's "Buddenbrooks" can also be found. But no, no: now it is a matter of making clear how the two Nazis understand and describe all the things they planned so carefully and organized in such a complex way. And it becomes clear to me: If someone had read your book to one of these two beasts, Höss or Himmler, they would not have understood anything, indeed, they would not have known what you were speaking about, *how* you speak. This Höss, who writes in the German of officials with his empty, second hand word patterns, would have no notion of the language in which one hears about tongues of fire. Even more frightening is the case of the letters of the SS-Reichsführer. He, unlike Höss, was not just a seedy, obedient civil servant, but a versatile, talented man of academic background from the Germany of Kaiser Wilhelm II; a scurrilous, indescribably ambitious, but highly educated phantasist; a fanatical disciplinarian, who somehow had an inkling of his own monstrosity and reacted to this with severe psychosomatic disturbances. Incredible, this monstrosity: what goes into such a mind, and how it leaves this same mind again. How it manages to force everything into its system, the whole world, no exception for close friends, everything must fit, everybody obeys, so completely has he thought out his system. What doesn't fit, yields: Heinrich Himmler, Reichsführer SS, commands all the men of his black brigades with the skull on their caps. Nobody resists.

Except you, Max: you did succeed in opposing it – a boy from the ghetto in Poland. You all alone. Through your life as through your writing. Writing with the hand of a person whose spirit is stronger than the most rigorous, highly organized order. That in the end such a person also secures survival – not just yours, but all of ours – and that he has far more healthy, constructive power within him than all the slogans and screams of militarized energy of Nazi Germany (and similarly organized structures before and after), to sense this while reading your text is part of the experience of one's encounter with you and stays with us as a constructive experience after the difficulty of reading your book. From the account of mass murder grows something that heralds life and not just survival.

So now, two generations later – the pages have yellowed, and you have built a new life far from the experiences of your youth, fathered children, led an active life – now your book is coming out. With this publication you turn back – to there, where you come from. Should this be? Must it be? May it be? Does one want to stir all this up again?

With these provocative, one would have to say obscene questions, we do not merely address the wrongdoers of that time or their successors. We also address you, Max, and your former fellow sufferers. I allow myself to answer the questions using my professional experience with a good number of people who – in various ways, but always full of horror that remains ever-present – shared your fate. Strange how almost all of my acquaintances now, as they stand at the threshold of old age, or beyond it, feel an urge to turn back to where they came from; to where life was, before the flood broke over them. Despite all the horrible memories. Something in their life must, so it seems, be rounded off, at all costs.

"Yet our arc not for nothing
Brings us back to our starting place."

The origin of this verse is unimportant. It was written almost two hundred years ago, at a time when that cultured people – according to the words of your father – was awakening politically, a time which brought to many, also Jews, and in particular distinguished Jewesses, a source of hope. What Hölderlin sees before him, the image of the arc of life, that rejoins itself, end to beginning, has been carried out by many of my patients, as a closure to therapy, almost as a final processing of their destroyed youth, of their life. They went back to the places where this all began, briefly, but determined and awake. And to my astonishment, they almost always benefited from their decision. Only now it was all completed. Now they could live more freely, and also: die more peacefully.

You, Max, will not need to take that path. You have accomplished the same thing in another way – not by aeroplane, not by moving through the streets of your home town. You put it down here, fifty years ago. It is open before us. "Outside was beautiful." And when you now hold the volume in your hands, then "your arc brings you back to your starting place". You round your life off, not by means of your return journey, but through a written work.

With this a further subject must be touched on. This subject has previously been alluded to: poetry after Auschwitz. For decades, scarcely less time than the events you describe to us, it has concerned the public and has gripped those who write and whose you read. It all began in 1949 with a lecture by Th. W. Adorno, the most influential German thinker of the day, in which the following sentence was spoken, "...to write a poem after Auschwitz is barbaric, and that also erodes the knowledge which explains why it became impossible to write poems today."

With this, Adorno set something essential in motion, he shook things up. It was urgent and vital to do this. Writing poetry today: "Over all summits is stillness..." (Goethe) – no, this may no longer really exist in the community of poets and philosophers with Auschwitz behind them and with the not at all absurd notion that more than one of the guards at the ovens could have had his volume of Goethe's poems handy in his battledress.

With this image before my eyes and Adorno's sentence resounding in my ear, I read your notebooks. I devoutly wish that those who quarrel over the Adorno-dictum will do the same, and not limit themselves to Nelly Sachs and Paul Celan when it comes to writing poetry *from* Auschwitz (and not only *after* Auschwitz). You manage to do something that many poets, by overburdening the subject with images, did not bring themselves to achieve. The way you present the indescribable and let the describable co-exist with it is almost unbelievable. Still experiencing humiliation and in the midst of murder, you hear the birds chirp, see the flowers bloom. The way you do relate this – that *is* a poem after Auschwitz. "Outside was beautiful": A verse like that has not yet been said. It is pure description. The rest is up to the reader. You relieve us of nothing. We are the ones, whether we want to or not, who add part of ourselves and in this way are carried there, where it took place. A poem with such statement embodies the cleansing, cathartic power, that is expected of it. Also – or all the more so – after Auschwitz. And maybe, despite everything, the words of the previously quoted Friedrich Hölderlin hold true:

"But what is lasting the poets provide."

So long as they always say, as honestly and reliably as you, what is to be said. Only in this way is it preserved. Memorials rust, monuments grow moss. –

It would be nice if you could come to Zurich for the launching of your book. This would mark the rounding off and demonstrate the importance of this event – for you as for us, your readers, and above all for your publishers, and especially for your Mama Charlotte Weber. When I lay these lines before you, they will not be the gift that wasn't given fifty years ago, but rather my thanks for your gift. For this book. One thing however will be important to me: that we join hands, you, Max, and I. It has been fifty years since we parted. We have both tried to live full lives. Now we are old men. A word and also a look, a handshake, so that what we were not able to do back then comes to pass after all, would provide us with a form of rounding off that could join together the arcs of both our lives.

Aron Ronald Bodenheimer, Zurich 1995

(Translated from the German)

Acknowledgements: to Michael Hamburger (Anvil Press) for the Hölderlin translations and Guy Chazan for the Adorno translation

Max Perkal und Charlotte Weber in Zürich, Mai 1994. /
Max Perkal and Charlotte Weber, Zurich, Mai 1994.

Are you here in this Hell too?
Memories of troubled times 1944–45
by Elisabeth Sommer-Lefkovits
ISBN 1-874320-11-X, £7.99, 1995

... And Heaven shed no tears
by Henry Armin Herzog
ISBN 1-874320-13-6, £7.99, 1995

I'm not even a grown-up:
The Diary of Jerzy Feliks Urman,
ed. by Anthony Rudolf
ISBN 0-9513753-3-4, £6.00, 1991

At an uncertain hour:
Primo Levi's war against oblivion
by Anthony Rudolf
ISBN 0-9513753-2-6, £6.00, 1990

The Menard Press
Anthony Rudolf
8 The Oaks
Woodside Avenue
London N12 8AR
tel. 081-446 5571

Elisabeth Sommer-Lefkovits
Ihr seid auch hier in dieser Hölle?
Erinnerungen an die unheilvollen Zeiten 1944–1945
1994, Klappenbroschur, 112 S., 41 Abbildungen
DM 32.– / ÖS 230 / sFr. 29.– ISBN 3-905311-32-1

Charlotte Weber
Gegen den Strom der Finsternis
Als Betreuerin in Schweizer Flüchtlingsheimen 1942–1945
1994, Klappenbroschur, 288 S., 52 Abbildungen
DM 43.– / ÖS 300 / sFr. 38.– ISBN 3-905311-31-5

Stapferhaus Lenzburg (Hg.)
Anne Frank und wir
1995, Broschiert, 200 S., 140 Abbildungen
DM 38.– / ÖS 260 / sFr. 32.–

Jacques Picard
Die Schweiz und die Juden 1933–1945
Schweizerischer Antisemitismus, jüdische Abwehr
und internationale Migrations- und Flüchtlingspolitik
1994, 2. Auflage, Gebunden, 560 S.
DM 76.– / ÖS 540 /sFr. 68.– ISBN 3-905311-22-4

Aaron Kamis-Müller
Antisemitismus in der Schweiz 1900–1930
1990, 572 S., 78 Abbildungen
DM 54.– / ÖS 380 / sFr. 48.–

Chronos Verlag • Münstergasse 9 • CH-8001 Zürich
Fax 0041 (01) 252 49 22